We are all special!

특수아동의 이해

제2판

박현주 편저

 박영story

이 책은 초판에서도 언급했듯이 일반학교 교사가 될 학생들과 일반학교 체제 안에서 특수아동을 다루어야 할 직업을 가진 사람들을 대상으로 특수아동에 대한 이해를 돕고자 만든 저만의 강의노트입니다.

어느 날 문득, 장애라는 주제 자체가 만만치 않은데 내가 그것에 더하여 예비교사들에게 장애를 지닌 특수아동을 가르치는 일은 매우 번거롭고 두려운 일이라는 인식을 심어주는 건 아닌가 하는 의문이 들었습니다. 즉 교수자가 어떻게 수업을 이끄는가에 따라 예비교사들이 '너무 어렵군. 장애아동은 피하는 게 상책이야'라고 느낄 수도 있고, '음, 쉽진 않지만 해볼 만하고 해야만 하는 일이야'라고 느낄 수도 있다는 걸 깨달은 뒤부터 저의 교수 목표 수정이 시작되었습니다.

그 가운데 과거 특수교육을 공부하기 전 저의 교사 생활을 되돌아보았습니다. 그때 전 특수아동을 어떻게 다루어야 하는가에만 관심을 두었지 정작 특수아동에 대한 정확한 이해가 없었다는 걸 기억해냈습니다. 그 후 저의 최종 강의 목표는 예비교사들이 장애 및 특수아동에 대해 정확히 이해하여 향후 현장에서 맞닥뜨리게 될 특수아동을 왜곡된 시선으로 바라보지 않도록 하는 것입니다.

따라서 이 책은 초판과 마찬가지로 각 장애에 대한 기본적인 이해와 함께 특수아동들의 발달 및 학업적 특성, 그리고 통합교육 환경에서 어떤 교육적 지원이 필요한지를 중심으로 엮었습니다. 여기에 예비교사뿐만 아니라 특수아동을 다루는 관련 업종에 종사하는 전문가라면 반드시 알아야 할 개별화교육계획에 대한 내용을 새로 추가했습니다. 아울러 이 책은 장애아동 교육에 대해 심화된 교육내용을 다루어야 할 특수교육 전공생들에게는 내용 면에서 부족할 수 있음을 미리 밝힙니다.

끝으로 특별히 원고 작성에 사용된 참고문헌의 저자들과 출판사에 일일이 사전 이해를 구하지 못한 것에 대해 양해 바란다는 말씀을 전합니다. 또한 저의 강의노트를 기꺼이 출판해 주신 박영스토리 대표님과 보이지 않는 곳에서 수고해주신 출판사 관계자분들께도 감사의 마음을 전합니다.

2022년 8월
박현주

차례 특수아동의 이해

CHAPTER 01

특수아동의 개념

1 특수아동의 정의

- 통계적 개념에서 특수아동(exceptional children)이란 신체적 · 인지적 · 정의적 특성이 정상 또는 <u>일반적인 수준</u>에서 현저하게 벗어나 있는 아동을 의미한다.
  → 일반적인 수준이란 보통 정상분포곡선에서 −2SD 이상부터 ＋2SD 이하까지의 범위를 말한다.

▌ 정상분포곡선에서의 특수아동의 범위

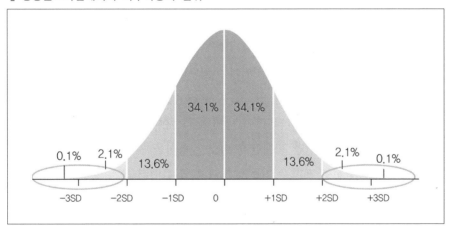

- 즉, '특수아동'이라는 용어는 학습장애아동, 발달장애아동, 지체장애아동, 감각장애아동뿐만 아니라 영재아동까지도 포함하는 포괄적인 용어이다.
- 특수아동이라고 하면 흔히들 '장애아동'이라는 용어를 떠올리는 경우가 많다.

그러나 '장애아동'은 특정 영역에서의 재능이나 우수성 등 다른 아동보다 뛰어난 능력을 지닌 아동을 포함하지 않기 때문에 특수아동보다는 협의의 개념에서 쓰이는 용어라고 할 수 있다.

- 최근에는 특수아동의 범위에 장애아동, 영재아동뿐만 아니라 학습곤란아동과 학습불리아동도 포함한다.

학습곤란아동/학습불리아동

일차적으로 사회적·경제적·문화적 요인으로 인해 학습에 불리함을 지니고 있는 경우이다. 심한 영양실조, 빈곤한 환경, 그리고 집중력 감퇴를 초래하는 심한 불안이나 학업실패의 누적으로 인한 심리적인 좌절 등과 같은 정서적인 문제는 학습에 곤란을 유발하는 불리한 요인이다. 이외에도 이중언어, 문화차이 등이 포함될 수 있다.

- 특수아동이 일반아동과는 다르다는 개념을 이해할 때 다음 두 가지 측면을 고려해야 한다.

  ① 모든 아동은 장애 여부와 상관없이 서로 다른 신체적·사회적·학업적 특성을 보인다. 이러한 특성에 있어서의 차이가 특수교육 서비스를 필요로 할 정도라고 진단될 때 이들은 특수아동으로 분류된다.

  → 특수아동 중에는 일반아동과의 차이가 매우 작은 경우도 있으며, 이러한 경우 외모만으로는 장애의 식별이 어렵다. 또 학교 입학 후 학업 영역에서 실패를 경험할 때까지 잘 발견되지 않을 수도 있다.

  ② 특수아동은 일반아동과의 차이로 인해 특수아동으로 분류되지만, 이들도 여러 가지 측면에서 일반 또래들과 비슷한 특성을 지니고 있다.

- 특수아동을 교육하는 교사는 이들이 지니고 있는 여러 가지 발달 특성상의 차이를 잘 발견할 수 있어야 한다.

  → 그러나 장애로 인한 차이점만을 보지 말고, 이들이 대부분의 또래 일반아동과 유사한 발달 및 행동 특성도 지니고 있다는 사실을 인식함으로써 결함(또는 장애)보다는 이들이 지니고 있는 능력(또는 잠재력)을 고려하는 교육을 제공해야 한다.

2 특수아동 관련 용어

- 특수아동(특히 장애아동)과 관련된 용어들을 살펴보면 특수성 개념을 보다 쉽게 이해할 수 있다.
  - 손상, 능력저하, 핸디캡 등은 서로 혼용되어 사용하고 있지만 동의어가 아니다.

용 어	의 미	예
손상 (impairment)	- 심리·생리해부학적 구조나 기능의 상실 - 즉, 특정 신체기관이 상실되었거나 기능이 저하된 것을 의미	청각장애(hearing impairment) 시각장애(visual impairment) 건강장애(health impairment)
능력저하 (disability)	- 손상으로 인한 기능의 제한이 장기간에 걸쳐 지속될 것이라고 의학적으로 판단되어 정상 범위 내에서 활동을 수행하는 능력이 제한되거나 결여된 것을 뜻함 - 즉, 어떤 과제(보기, 읽기, 걷기 등)를 대부분의 사람들이 하는 방식으로 수행하는 능력이 제한된 것	학습장애(learning disability) 지적장애(intellectual disability) 지체장애(Physical disability)
혼돈 (disorder)	- 신체적 측면보다는 정신적 측면에서 겪는 어려움에 사용되는 용어 - 개인적 차원의 용어	정서·행동장애 (emotional and behavior disorder) 의사소통장애 (communication disorder) 자폐성장애 (Autism spectrum disorder)
지체 (delay)	- 정신 또는 발달이 평균보다 지체(지연)될 때 사용되는 용어	발달지체(developmental delay)
불리 (handicap)	- 장애나 손상을 가진 사람이 환경과 상호작용하면서 직면하는 문제를 말하는 것으로 신체적 장애가 교육적, 개인적, 사회적, 직업적 및 기타 문제를 야기하지 않으면 핸디캡이 없는 것임 - 특정상황에선 핸디캡일 수 있지만, 다른 상황에서는 그렇지 않을 수 있음	장애인들의 장애 자체 때문이 아니라 비장애인들이 부정적인 태도를 가지고 장애인들의 참여를 제한하기 때문에 핸디캡을 경험하게 되기도 함
위험 (at risk)	- 현재 진단되지는 않았으나, 장애를 보일 가능성이 평균보다 훨씬 높은 아동을 지칭할 때 사용 - 최근에는 일반학급에서 학습문제를 나타내어 학업실패의 위험이 있거나, 특수교육 대상자가 될 가능성이 높은 학령기 아동에게도 적용됨	장애위험아동(children at risk)

3 특수아동의 분류

• 우리나라 「장애인 등에 대한 특수교육법」에서는 특수교육대상자를 다음과 같이 분류한다.

제15조(특수교육대상자의 선정)

① 교육장 또는 교육감은 다음 각 호의 어느 하나에 해당하는 사람 중 특수교육을 필요로 하는 사람으로 진단·평가된 사람을 특수교육대상자로 선정한다.

1. 시각장애   2. 청각장애   3. 지적장애   4. 지체장애   5. 정서·행동장애
6. 자폐성장애(이와 관련된 장애를 포함한다)   7. 의사소통장애   8. 학습장애
9. 건강장애   10. 발달지체   11. 그 밖에 대통령령으로 정하는 장애

② 교육장 또는 교육감이 제1항에 따라 특수교육대상자를 선정할 때에는 제16조 제1항에 따른 진단·평가결과를 기초로 하여 고등학교 과정은 교육감이 시·도 특수교육운영위원회의 심사를 거쳐, 중학교 과정 이하의 각급학교는 교육장이 시·군·구 특수교육운영위원회의 심사를 거쳐 이를 결정한다.

• 우리나라는 2007년 특수교육법이 제정될 때 처음으로 발달지체라는 범주를 특수교육대상자의 선정기준에 포함시켰다.

   → '발달지체(developmental delay)'란 신체발달, 인지발달, 의사소통발달, 사회·정서발달, 적응행동발달 중 하나 이상의 영역에서 지체를 보임으로써 적절한 진단 도구 및 방법을 통하여 특수교육 및 관련서비스를 필요로 하는 아동으로 평가되는 것을 의미한다.

   − 장애영역별로 구분하여 특수교육 적격성을 인정하는 제도 하에서 장애 진단을 확정하기에는 아직 어린 영유아가 특정 장애로 진단되지 않고도 교육을 받을 수 있게 해 준다.

따라서 발달지체라는 개념은 학습장애, 지적장애 등의 기타 장애명처럼 장애영역으로 이해되어서는 안 되며, 발달상의 지체로 인하여 특수교육 적격성을 인정받아야 하는 어린 아동에게 사용하는 용어로 인식되어야 한다.

• 특수아동을 분류하고 명칭을 사용하는 이유는 특수교육(=특별한 교육)을 받기

위한 <u>적격성</u>을 부여하기 위해서이다.

→ 특수교육을 받기 위해서는 장애를 가지고 있다고 판별되어야 한다.

즉, 특정 장애영역에 속해야만 특수교육 및 관련 서비스를 받을 자격이 된다.

4 특수아동과 장애인

- 특수교육법상의 '특수교육대상자'와 장애인복지법상의 '장애인'은 전혀 다르다.
  → 개념, 목적, 선정절차 모두 다르며, 특수교육대상자 중 약 30% 정도는 장애인으로 등록되지 않은 아동들이다.
- 장애인이라고 하여 자동으로 특수교육대상자로 등록되지 않는다.

▌ 우리나라 현행법상 장애인과 특수교육대상자 분류 비교

구분		장애인복지법	장애인 등에 대한 특수교육법
신체적 장애	외부기관 장애	시각장애	시각장애
		청각장애	청각장애
		언어장애	의사소통장애
		지체장애	지체장애
		뇌병변장애	
	내부기관 장애	신장장애	건강장애
		심장장애	
		호흡기장애	
		간장애	
		장루 및 요루장애	
		안면장애	
		뇌전증	
정신적 장애	발달장애	지적장애	지적장애
		자폐성장애	자폐성장애
	정신장애	정신장애	정서 및 행동장애
기타		–	학습장애
		–	발달지체
		–	그 밖에 대통령령으로 정하는 장애
계		15	11

> → 장애인으로 등록되어있더라도 교육상 특별한 요구가 없다면 특수교육대상
> 자가 아니다.
>
> → 모든 특수교육대상자의 진단기준은 '교육상 어려움이 있는지' 여부이다.

- 안면장애: 학업에는 거의 지장을 미치지 않기 때문에 다른 중복장애가 없을 시 특수교육대상자로 지정되지 않는다.
- 정신장애: 조현병, 양극성 장애, 만성 우울장애 등의 정신질환자로 '장애인복지법'상에 정신장애로 분류되어 있기는 하나, '장애인 등에 대한 특수교육법'에는 해당 장애 영역이 포함되지 않는다. 하지만 지역 교육지원청에 따라 특수교육대상자로 선정될 수도 있고 되지 못할 수도 있다.
- 건강장애: 소아암, 백혈병 등 장애는 아니지만 질병으로 인해 3개월 이상 장기 입원이나 치료가 필요하다고 인정될 경우 교육의 어려움을 해소하기 위하여 장애인이 아니지만 특수교육대상자로 지정될 수 있다.
- 학습장애: 학습장애는 장애인 등에 대한 특수교육법에 의해 지정되는 영역으로 '장애인 복지법'상의 장애인이 아니다.
- 그 밖에 대통령령으로 정하는 장애: 현행법상 따로 정해진 장애는 없다.

장애인복지법의 제정 목적은 연금 및 수당 지급과 복지 서비스의 제공이며, 장애인 복지 서비스에는 의료, 교육, 재활 등 광범위한 영역을 포함한다. 반면, 특수교육법의 제정 목적은 '교육'에 한정되며, 특별한 교육적 요구를 지닌 아동에게 개별적인 교육을 제공하는 것이다.

5 특수교육대상자 진단 및 평가절차

1) 진단 및 평가의 목적

- 특수교육대상자를 진단하고 평가하는 이유는 대상아동이 또래 일반아동과 얼마나 다른지를 알아내기 위함이 아니라, 그들의 특성(강점·약점)을 찾아내고 적합한 교육 프로그램을 제공하는 데 있다.
- 특수교육대상자로 선정되려면?
  → 법률상 보호자 또는 보호자의 동의를 얻은 학교장이 특수교육대상자 지정을 위한 신청을 하며, 만일 아동이 학습의 어려움을 가지고 있어도 보호자가 동의하지 않으면 특수교육 및 관련서비스도 받을 수 없게 된다.

2) 특수교육대상자의 선정 및 배치

- 특수교육대상자 선정 및 배치는 「장애인 등에 대한 특수교육법」 제16조에 근거한다.

제16조(특수교육대상자의 선정절차 및 교육지원 내용의 결정)

① 특수교육지원센터는 진단·평가가 회부된 후 30일 이내에 진단·평가를 시행하여야 한다.
② 특수교육지원센터는 제1항에 따른 진단·평가를 통하여 특수교육대상자로의 선정 여부 및 필요한 교육지원 내용에 대한 최종의견을 작성하여 교육장 또는 교육감에게 보고하여야 한다.
③ 교육장 또는 교육감은 특수교육지원센터로부터 최종의견을 통지받은 때부터 2주일 이내에 특수교육대상자로의 선정 여부 및 제공할 교육지원 내용을 결정하여 부모 등 보호자에게 서면으로 통지하여야 한다. 교육지원 내용에는 특수교육, 진로 및 직업교육, 특수교육 관련서비스 등 구체적인 내용이 포함되어야 한다.
④ 제1항에 따른 진단·평가의 과정에서는 부모 등 보호자의 의견진술의 기회가 충분히 보장되어야 한다.

- 특수교육대상아동 진단·평가 및 선정은 다음과 같은 절차에 의해 이루어진다.
  ① 장애가 있거나 있다고 의심되는 영유아 및 아동 발견 시, 보호자 또는 각

급 학교의 장이 교육장 또는 교육감에게 진단·평가를 의뢰한다.

② 교육장 또는 교육감이 특수교육지원센터에 진단·평가를 의뢰한다.

③ 특수교육지원센터는 아동을 대상으로 진단·평가를 시행한다.

④ 선정 여부 및 교육지원 내용에 대한 의견을 특수교육지원센터에서 교육장 또는 교육감에게 보고한다.

⑤ 특수교육운영위원회에서 대상 선정 및 학교 지정·배치에 대해 심사한다.

⑥ 교육장 또는 교육감이 특수교육대상자 선정 결과 및 학교 지정·배치를 신청인에게 통지한다.

⑦ 선정 배치결과를 통보받은 후 진단·평가 결과에 만족하지 못할 경우에는 재심을 청구할 수 있다.

진단·평가 의뢰 시 제출서류(지역마다 다를 수 있음)

• 특수교육대상자 진단·평가 의뢰서

• 기초 조사카드

• 장애인복지카드 사본

• 특수교육대상자 배치 신청서

▌특수교육대상자 선별검사 및 진단 · 평가영역

구분		검사	
장애 조기발견을 위한 선별검사		• 사회성숙도검사 • 적응행동검사	• 영유아발달검사
진단 및 평가 영역	시각장애 청각장애 지체장애	• 기초학습기능검사 • 시력검사 • 청력검사(청각장애에 한함)	• 시기능검사 및 촉기능검사 (시각장애에 한함)
	지적장애	• 지능검사 • 사회성숙도검사 • 적응행동검사	• 기초학습검사 • 운동능력검사
	정서·행동장애 자폐성장애	• 적응행동검사 • 성격진단검사	• 행동발달평가 • 학습준비도검사
	의사소통장애	• 구문검사 • 음운검사	• 언어발달검사
	학습장애	• 지능검사 • 기초학습기능검사 • 학습준비도검사	• 시지각발달검사 • 지각운동발달검사 • 시각운동통합발달검사

- 이 과정을 도식화하면 다음과 같다.

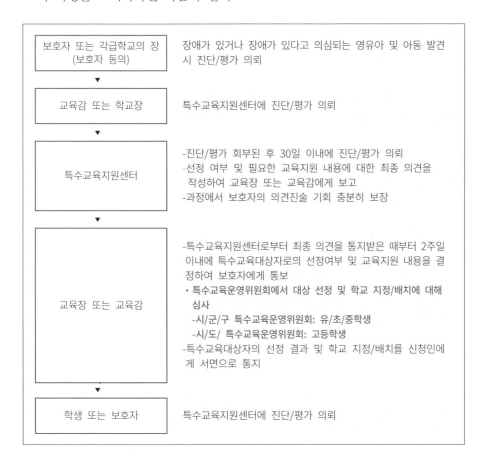

- 최종 선정 과정이 끝나면 「장애인 등에 대한 특수교육법」에 명시되어 있는 것처럼 특수아동은 거주지에서 가장 가까운 곳에 있는 '일반학교의 일반학급', '일반학교 특수학급', '특수학교' 중 한 곳에 배치를 받게 된다.

제17조(특수교육대상자의 배치 및 교육)

① 교육장 또는 교육감은 제15조에 따라 특수교육대상자로 선정된 자를 해당 특수교육운영위원회의 심사를 거쳐 다음 각 호의 어느 하나에 배치하여 교육하여야 한다.

1. 일반학교의 일반학급
2. 일반학교의 특수학급

3. 특수학교

② 교육장 또는 교육감은 제1항에 따라 특수교육대상자를 배치할 때에는 특수교육대상자의 장애정도 · 능력 · 보호자의 의견 등을 종합적으로 판단하여 거주지에서 가장 가까운 곳에 배치하여야 한다.

③ 교육감이 관할 구역 내에 거주하는 특수교육대상자를 다른 시 · 도에 소재하는 각급학교 등에 배치하고자 할 때에는 해당 시 · 도 교육감(국립학교의 경우에는 해당 학교의 장을 말한다)과 협의하여야 한다.

④ 제3항에 따라 특수교육대상자의 배치를 요구받은 교육감 또는 국립학교의 장은 대통령령으로 정하는 특별한 사유가 없는 한 이에 응하여야 한다.

CHAPTER 02

시각장애 아동

시각장애는 저출현 장애로 다른 장애에 비해 시각장애 아동의 수는 적은 편이다. 그러나 모든 아동이 그러하듯이 시각장애 아동 역시 하나의 획일적인 집단이 아닌, 개인마다 다양한 특성과 능력을 지닌 아동으로 인식되어야 한다. 시각장애는 그 자체만으로도 유형과 정도가 다양하다. 따라서 교사는 <u>같은 유형이나 장애 정도를 지닌 시각장애 아동의 경우에도 성장 및 교육환경 그리고 개인의 성향 등에 따라 서로 다른 특성을 보인다는</u> 것을 인식하고 이에 대한 정확한 이해를 하려는 노력이 필요하다.

1 시각장애의 정의

1) 시각의 측정

- 시각은 시력과 시야에 의해 결정되며, 대부분의 경우 시야에는 문제가 없지만 시력이 낮아서 시각장애를 일으키는 경우가 많다.

(1) 시력(visual acuity)

- 형태를 분명하게 구별하거나 특정 거리에서 작은 사물을 변별하는 능력으로 미국의 정상 시력 기준은 20/20이다. 이것은 20피트(약 6m)의 거리에서 정상적인 눈이 볼 수 있는 것을 20피트의 거리에서 똑같이 볼 수 있다는 것을 나타낸다. 아래의 수가 커질수록 시력은 저하된다.
- 콘텍트렌즈나 안경을 쓰고 교정한 뒤에 잘 보이는 눈의 시력이 20/200 혹은

그 이하인 사람은 법률적 맹으로 간주한다.

→ 만약 영희가 안경을 끼고 20/200의 시력이 나왔다면, 대부분의 사람이 60m 떨어져서 볼 수 있는 것을 영희는 6m의 거리 정도가 되어야 볼 수 있다는 뜻이다. 즉, 선명하게 보려면 정상 시력을 가진 사람보다 물체에 더 가까이 가야만 한다.

(2) 시야(field of vision)

- 어떤 한 점을 응시하였을 때 눈을 움직이지 않은 채로 볼 수 있는 범위를 말한다.
- 사물을 볼 때 시선방향 안에 있는 것은 뚜렷하게 보이고(중심시야), 주변에 있는 것이라도 완전하지는 않지만 사물의 존재를 알 수 있다(주변시야).

→ 정상범위의 눈은 정면을 똑바로 응시했을 때 약 160~170도 범주 내의 사물을 볼 수 있다.

- 미국의 경우 시야 범위가 20도 이하로 제한된 사람은 법률적 맹이 된다.

→ 터널시야를 가진 사람들은 좁은 관이나 터널을 통해 세상을 보는 것과 같다. 이 경우 중앙 부분은 시력이 좋지만 시야 외부 영역의 주변시야는 나쁘다. 반대로 주변시야는 비교적 좋지만 중심 부분의 사물을 정확하게 보는 것이 불가능한 경우도 있다.

2) 시각장애의 정의

- 우리나라 「장애인 등에 대한 특수교육법」과 「장애인복지법」에서는 시각장애의 정의를 다음과 같이 제시한다.

▎우리나라 현행법상 정의

장애인 등에 대한 특수교육법	시각계의 손상이 심하여 시각기능을 전혀 이용하지 못하거나 보조공학기기의 지원을 받아야 시각적 과제를 수행할 수 있는 사람으로서 시각에 의한 학습이 곤란하여 특정의 광학기구·학습매체 등을 통하여 학습하거나 촉각 또는 청각을 학습의 주요수단으로 사용하는 사람
장애인복지법	가. 장애의 정도가 심한 장애인 1) 좋은 눈의 시력(공인된 시력표로 측정한 것을 말하며, 굴절이상이 있는 사람은 최대 교정시력을 기준으로 한다. 이하 같다)이 0.06 이하인 사람 2) 두 눈의 시야가 각각 모든 방향에서 5도 이하로 남은 사람

	나. 장애의 정도가 심하지 않은 장애인 1) 좋은 눈의 시력이 0.2 이하인 사람 2) 두 눈의 시야가 각각 모든 방향에서 10도 이하로 남은 사람 3) 두 눈의 시야가 각각 정상시야의 50퍼센트 이상 감소한 사람 4) 나쁜 눈의 시력이 0.02 이하인 사람

3) 시각장애의 분류

- 시각장애는 '보인다/안 보인다'처럼 이분법적으로 말할 수 없다.
- 법률적 정의에서의 분류는 시력과 시야에 근거를 둔다.
  - 실명(맹): 시력 교정 후 잘 보이는 눈의 시력이 20/200 이하이거나, 시력이 20/200 이상이더라도 시야가 20도 이하인 경우로 규정한다.
  - 저시력(약시력): 일반적으로 교정 후 더 잘 보이는 눈의 시력이 20/200 이상이더라도 20/70 이하이면 저시력으로 규정한다.
- 교육적 분류에서는 학습을 위해 시각 및 촉각적 수단을 사용하는 정도에 근거하여 '실명(맹)'과 '저시력(약시력)'으로 구분한다.
  - 시각장애(visual impairment): 시력의 장애가 아동의 학업 성취에 영향을 주기 때문에 교육에 있어서 특별한 자료와 교육환경을 필요로 하는 경우로 실명(맹)과 저시력(약시력) 모두를 포함한다.
  - 실명/맹(blindness): 교육을 위한 목적으로 점자 혹은 청각적 방법을 사용해야 하는 경우를 뜻한다.
  - 저시력/약시력(low vision): 시력을 교정한 후에도 심한 시각장애가 남아 있기는 하지만 교정렌즈, 확대경 등과 같은 광학도구를 사용하여 인쇄물을 읽을 수 있는 경우를 뜻한다.
- 발생 시기에 따라 선천성 시각장애와 후천성 시각장애로 나누기도 한다.
  - 학령기 아동들의 시각장애는 대부분 선천적인 경우가 많다.
  - 시각장애 아동을 교육할 때 아동의 시각 손상 시기를 아는 것은 중요하다. 세상을 지각함에 있어서 선천적인 맹 아동과 12세에 시력을 잃은 아동은 지각 양상 면에서 다르기 때문이다.
  - 선천적 맹 아동은 비시각적 감각·청각·촉각을 통해 학습한 배경적 경험을 가지고 있으나, 후천적 맹 아동은 시각적 경험에 의존하여 끌어낼 수

있는 배경지식이 많다. 후천적 맹 아동은 이전에 본 것에 대한 시각적 기억을 보유하고 있으며 이 기억은 교육에 도움이 된다.

2 시각장애의 원인

1) 눈의 구조

우리의 눈은 주변 환경으로부터 시각적 상을 받아들여 뇌에서 해석할 수 있도록 전달하는 매우 복잡한 기관이다.

- 각막은 눈의 흰자위를 덮고 있는 미세한 투명한 층으로 이루어져 있다. 각막은 눈에서 가장 앞에 있어 바깥으로부터 빛이 제일 먼저 통과하는 곳이며, 빛을 굴절시키는 것과 전달하는 기능을 한다. 각막이 손상될 경우에는 각막염, 각막 이상증 등 다양한 질병에 걸릴 수 있다.
- 홍채는 각막 바로 뒤에 있으면서 눈에 들어오는 빛의 양을 조절하는 조리개 역할을 하고 있고 눈동자의 색을 결정한다.
- 동공은 홍채 안쪽 중앙에 위치해 빛의 양에 따라 자동으로 조절하는 역할을 하며 빛의 양에 따라서 커지고 작아진다.
- 수정체는 홍채 뒤에서 어떠한 물체를 볼 때 사용되는 중요한 기능을 담당한다. 만약 수정체가 손상되면 사물을 보는 데 어려움이 많다. 그 중에서도 눈이 뿌옇게 보이는 백내장은 수정체의 노화에 의해 가장 많이 발생되는 질병이다.
- 유리체는 수정체 뒤에서부터 망막까지의 공간을 채우는 투명한 젤리상태로 이루어져 있으며, 수정체와 각막에는 없는 혈관을 대신하여 영양분을 공급하는 기능을 하고 있다. 유리체는 눈이 공 모양의 형태를 유지하는 데 중요한 역할을 함과 동시에 빛이 망막까지 깨끗하게 도달할 수 있도록 돕는 역할도 한다.
- 망막은 눈의 구조 중 가장 안쪽을 둘러싸고 있는 신경세포의 얇은 층이라고 할 수 있다. 카메라의 필름을 생각하면 된다. 카메라로 사진을 찍게 되면 이미지가 필름에 남게 되는데 그 역할을 담당하는 것이 망막이다. 눈의 구조상 빛

이 가장 늦게 들어오는 곳이며, 망막에는 시세포라는 것이 있고 시세포는 시신경과 연결되어 뇌에 신호를 보낼 수 있다.

• 시신경은 망막에서 감지된 빛 정보(시각정보)를 뇌로 연결되는 중요한 역할을 하는 만큼 매우 복잡한 구조로 이루어져 있다. 시신경이 손상되어 제 기능을 하지 못할 때에는 대부분 실명으로 이어진다.

❚ 눈의 구조

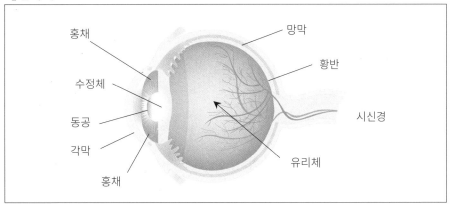

2) 시각장애의 원인

(1) 굴절이상

• 광선이 하나의 투명조직에서 다른 조직으로 통과할 때 구부러지는 과정을 굴절이라고 하며, 대략 절반 정도의 많은 사람들은 눈의 크기와 형태에 따라 굴절이 불완전해진다.
  → 안경이나 렌즈를 이용하여 광선의 경로를 변경시키면 초점을 명확하게 맞출 수 있으므로 굴절 오류를 보완해줄 수 있다.

(2) 선천성 백내장

• 수정체가 혼탁해지거나 불투명해지면 빛이 망막에 도달하지 못하게 되어 시각적 상이 왜곡되고 희미하게 보이게 된다. 수술로 수정체를 제거하고 콘택트렌즈나 안경 등을 착용해도 심한 시각장애를 가지는 경우가 많다.

→ 아동이 빛을 등지고 앉을 수 있도록 배치한다. 활자와 종이가 잘 대조되게 해주며, 가까운 것을 보는 과제와 먼 곳을 보는 과제를 반복하면 눈의 피로를 막을 수 있다.

(3) 선천적 녹내장

- 눈 내부를 순환하는 방수의 배출이 원활하게 이루어지지 않아 안압이 비정상적으로 높아지는 병이다. 높아진 압력이 망막과 시신경을 손상시켜 시력이 손상되거나 상실된다.
  - → 변동하는 시각 수행능력이 아동을 혼란스럽게 할 수 있다. 통증, 메스꺼움, 두통 등의 증후가 있는지 주의하고, 정기적으로 안약을 넣는다. 튀어나온 눈 때문에 아동이 놀림을 당하기도 한다.

(4) 안구진탕증

- 한쪽 혹은 양쪽 눈 모두에서 수직, 수평, 회전 등의 불수의적인 움직임으로 인해 초점을 맞추고 문자를 읽는 데 문제를 가질 수 있다.
  - → 오랜 시간 가까이 봐야 하는 작업은 눈을 피로하게 할 수 있다. 간혹 초점을 잘 맞추기 위해 아동이 머리를 돌리거나 기울이는 행동을 보이더라도 지적하지 않는다.

(5) 사시

- 한쪽 눈 또는 양쪽 눈의 편향성 때문에 동시에 같은 물체에 초점을 맞추지 못하는 상태를 말하며, 만약 적절한 때에 치료하지 않으면 영구적으로 시력을 상실할 수도 있다.
  - → 아동이 선호하는 시력의 방향을 고려하여 자리를 배치한다. 어떤 아동은 한쪽 눈은 먼 거리 과제, 다른 한쪽은 근거리 과제에 활용이 높을 수도 있다. 근거리 활동을 하는 동안 휴식을 자주 취해야 할 수도 있고, 익숙하지 않은 과제 적응을 위해 시간이 더 많이 걸릴 수도 있다.

(6) 시각피질의 손상

- 시각피질 손상(CVI: cortical visual impairments)은 시각 정보를 해석하는 뇌의 일부분이 상해나 기능부전으로 생긴 시력손상이나 맹을 말한다. 시각피질 손상의 원인은 출산 시의 산소 부족, 뇌손상, 뇌수종, 중추신경계의 감염 등이며, 시기능은 환경, 빛의 조건, 활동에 따라 변한다.

(7) 색소결핍증(백색증)

- 눈, 피부, 머리카락 등 신체 전반의 색소 부족으로 나타나는 유전적 질병이며, 안구백색증은 여자보다 남자에게 더 많이 나타난다. 시력저하, 난시, 광선공포증 등을 보인다.
  - → 색소결핍증 아동 대부분이 빛에 대해 눈이 지나치게 반응하는 수명(눈부심) 현상을 가지고 있으며, 정밀한 일을 하면 금방 눈의 피로를 호소한다.

(8) 망막색소변성

- 청소년기에 출현 빈도가 높은 가장 흔한 유전적 질병으로, 망막의 점진적인 변성을 야기한다. 처음으로 나타나는 증상은 주로 야간에 보는 것이 어렵다는 것이며, 점점 진행됨에 따라 터널시야나 시각장애를 초래한다.
  - → 눈부시지 않은 고도 조명이 필요하다. 좁아진 시야 때문에 읽기에 필요한 훑기와 추적하는 기술이 어려워진다. 망막색소변성은 진행성이므로 교육과정에서 이동훈련, 특히 밤에 이동하는 훈련을 포함시키고, 예후가 시력손실이면 점자 훈련도 포함시켜야 한다.

(9) 미숙아 망막증

- 미숙아에게 고농도의 산소를 공급함으로써 발생된다. 미숙아가 고산소 인큐베이터에서 나왔을 때, 산소 농도의 변화가 비정상적인 혈관의 성장과 눈의 조직에 상흔을 생성하여 시력장애를 유발하는 경우가 종종 있다. 시력의 약화는 물론 근시, 녹내장, 망막박리, 안구진탕증 등을 수반하며, 심한 경우에는 전맹이 되기도 한다.

→ 고도의 조명, 근접하여 작업하는 경우를 위한 확대기, 먼 거리를 볼 수 있는 망원경 등이 필요하다. 아동은 뇌손상을 입을 수도 있고, 지적장애 혹은 자폐성장애를 가지기도 한다. 요즘은 산소 농도를 40% 이하로 제한하여 미숙아 망막증의 발생은 많이 감소했다.

(10) 색맹

- 어떤 색깔을 구별하기 어려운 것으로 적−녹 색맹이 가장 흔하다. 원추체의 형성 부전이나 미형성, 황반변성, 유전이 주원인이다.
  → 대부분의 경우 교육적으로 중요한 시각장애는 아니다. 일반적으로 색깔에 의해 확인하는 대상을 구별할 수 있도록 대안적인 방법을 가르친다. 예를 들면 옷 색깔은 꼬리표로, 교통신호는 적색등과 녹색등의 배열 위치를 가르친다. 최근 색맹 교정안경과 콘텍트렌즈가 출시되었다.

(11) 기타

- 이 외에도 시신경 위축, 망막박리, 무안구증, 무수정체안, 홍채결손증 등 여러 가지가 있으며 원인을 알지 못하는 경우도 많다.

3) 시각장애 아동의 판별

- 교사는 평소 학교생활 속에서 아동들이 시각에 문제가 생겼을 때 보일 수 있는 징후들에 대해 관심을 가질 필요가 있다.

▌ 시각 이상을 의심해 볼 수 있는 징후들

행동	• 눈을 지나치게 비빈다. • 눈을 가늘게 뜨고 본다. • 책을 읽을 때 머리를 이상한 각도로 기울인다. • 물건을 눈에 가까이 대고 본다. • 눈을 지나치게 깜박이거나 가까이 보면서 하는 일을 어려워한다. • 책을 읽을 때 눈을 움직이는 대신 머리를 움직인다. • 멀리 있는 물체를 명확하게 보지 못한다. • 밝은 빛이나 반사를 싫어한다. • 칠판이나 책을 보고 옮겨 적는 것을 어려워한다.
외모	• 눈의 초점이 맞지 않는다. • 눈두덩이 붉거나 부어 있다.

	• 눈이 충혈되거나 눈물이 고여 있는 경우가 많다. • 눈꺼풀에 계속 염증이 생긴다. • 사진속의 눈에 일반적인 붉은 점이나 반사가 없는 대신 하얀 반사점이 보인다. • 눈동자 움직임이 통제가 잘 안 되거나 눈꺼풀이 내려와 있다.
아동의 불평	• 눈이 가렵거나 화끈거린다는 이야기를 자주 한다. • 잘 안 보인다고 투덜댄다. • 가까이 보면서 하는 일을 하고 나면 구역질을 하거나 어지럼, 두통을 호소한다. • 사물이 흐릿하거나 이중으로 보인다고 호소한다.

• 전문가에 의뢰하여 이루어지는 검사에는 시력검사, 시야검사, 색각검사, 대비
  감도검사 등이 있다.

3 시각장애 아동의 특성

1) 운동발달과 이동

• 시력은 운동기술 습득에 있어서 동기, 공간 지각, 보호 및 방어, 피드백 등 중
  요한 기능을 하며 사물의 거리와 방향에 대해 결정적 정보를 제공한다.
  → 정상 시력을 지닌 어린 유아들은 눈에 보이는 움직이는 물체를 향해 다가
    가는 행동을 통해 근육을 강화하고 협응능력을 향상시키며, 이러한 능력
    은 이후 이동성에까지 영향을 미친다.
• 시각장애를 지닌 유아는 능동적으로 주변 환경을 탐색하는 데 어려움을 겪어
  기기, 뛰기, 걷기 등의 운동기능 발달 지연은 물론, 근긴장도와 신체공간감각
  이 낮아 보행자세나 보행패턴도 어색해질 수 있다.
  → 시각장애 아동의 운동 발달 촉진을 위해서는 영유아기 때부터 시각자극을
    대신할 수 있는 다양한 촉각적·청각적 자극을 통해 운동발달을 촉진하고,
    자연스러운 자세와 걸음걸이를 가질 수 있도록 지도하는 것이 중요하다.

2) 인지와 개념습득

• 시각장애 아동의 지능은 일반아동에 비해 낮지 않다.
• 시각은 아동에게 다양한 경험을 조직하고 연결할 수 있는 능력을 제공해 준

다. 그러나 이해를 해야 하거나 정보의 다양한 아이템들을 연결시켜야 하는 인지적 과제에서 맹 아동은 또래 일반아동보다 수행력이 뒤처질 수 있다.

→ 시각장애 아동들이 개념 발달에 있어 <u>일반아동에 비해 뒤처지는 것은 그들의 제한된 환경경험에 의한 것</u>이지 시각 손실 그 자체 때문이 아니다.

• 시각의 손상으로 인해 <u>청각과 촉각 등 다른 감각에 의존하여 학습</u>하게 되므로 개념을 습득하는 시기가 늦어지는 경우가 있다.

→ 일반아동에게 반복적으로 많이 제공되는 모방과 관찰의 기회가 시각장애 아동에게는 없다는 것도 개념 발달이 늦어지는 요인이 된다.

이러한 점들이 시각장애 아동들의 학습을 방해하기는 하지만 잠재력까지 제한하지는 않는다. 따라서 시각이 아닌 다른 감각을 통해 개념을 반복적이고 직접적으로 접촉하는 것이 중요하다.

3) 의사소통 능력

• 시력손상이 언어의 이해나 사용에 영향을 주지 않는다는 사실은 언어 지능검사에서 시각장애 아동이 일반아동과 유의한 차이가 없다는 것으로 입증되고 있다.

→ 언어학습이 시각보다는 청각을 통해 이루어지고, 시각장애 아동이 다른 사람과 의사소통을 할 수 있는 주요 매체가 언어이기 때문에 이들의 언어 사용 욕구가 일반아동보다 더 강할 수도 있다.

• 추상적인 표현이나 관용적인 표현의 습득이 시각장애 아동에게는 어려울 수 있으며 말하는 속도가 느리고, 음을 조절하지 못해 크게 말할 수 있다.

→ 그러나 <u>아동 개인마다 차이가 있음을 교사는 인식해야 한다.</u>

• 몸짓과 얼굴표정 등 비구어적 의사소통을 덜 사용하는 경향이 있다.

4) 사회성 기술

• 눈 맞춤이나 미소와 같은 시각적 신호를 보지 못해 사회적 상호작용이 제한되

거나 잘못 해석하는 경우가 생길 수 있다.

→ 이로 인해 시각장애 아동에 대한 부정적인 태도가 형성되기도 하고, 결과적으로 시각장애 아동이 사회적으로 고립되는 결과를 초래한다.

• 사회적 상호작용을 시작하는 것과 유지하는 것이 어려울 수 있다.
• 시각장애 아동은 <u>시각적인 관찰을 통한 사회적 기술의 학습 기회가 제한된다.</u> 따라서 구체적인 사회적 기술 습득을 위한 구조화된 교수가 계획되어야 한다.

→ 말이나 몸짓을 이용하여 먼저 인사하기, 얼굴 표정을 통해 일반 또래친구의 관심 유지시키기, 적절한 신체 위치와 몸짓 사용하기, 손을 사용한 신호 익히기, 대화 중 상대방 쳐다보기, 머리를 똑바로 들고 바른 자세 유지하기, 다른 사람의 대화 방해하지 않기 등을 가르친다.

• 시각장애 아동 중에는 몸을 앞뒤 또는 좌우로 흔들거나 눈을 누르는 등의 행동을 지속적으로 보이는 경우가 있다.

→ 이러한 행동은 습관화되기 쉬우므로 적절한 교수가 필요하다.

4 시각장애 아동 교육지원

1) 통합교육을 위한 일반적 지침

(1) 학습 환경의 조성

• 조명, 자리 배치 등에 있어서 적절한 학습 환경을 제공할 필요가 있다.
• 일반학급 교사가 고려해야 할 내용
  − 점자정보단말기나 기타 학습도구를 놓을 수 있는 넓은 책상을 준비한다.
  − 독서대나 책상 표면의 각도 조절이 가능한 책상을 이용한다.
  − 저시력 아동이 조명이 반사되는 위치에 앉지 않도록 하고, 필요에 따라 부분조명을 제공한다.
  − 교수자료를 크게 확대 복사해 주거나 확대도구를 사용한다.
  − 교실 안 물건들의 배치에 익숙해질 때까지 충분한 탐색을 허용한다.

시각장애 아동에게 방향정위와 이동성은 매우 중요하다. 따라서 시각장애 아동이 다치지 않고 안전하게 스스로 교실을 다닐 수 있도록 교실의 구조와 책상의 배치 등을 미리 알려주고 가능하면 자주 바꾸지 않는 것이 좋다.

(2) 교수지침 및 교수방법의 수정

- 가능한 한 또래 일반아동들과 동일한 교육경험을 제공하기 위해 노력한다.
  → 교수방법은 꼭 필요한 때만 수정하도록 하고, 교육목표는 시각장애 아동과 일반아동 모두에게 동일하게 적용한다.
- 책을 읽을 때 충분한 시간을 준다.
  → 책을 찾고 읽기 시작할 곳을 찾는 데 시간이 더 걸릴 수 있다.
- 칠판 등을 사용할 때 내용을 크게 말하면서 적는다.
- 아동의 개인적인 필요와 능력에 따라 수정의 정도가 다름을 이해한다.
- 일반학습에서 사용하는 인쇄자료를 시각장애 아동이 필요로 하는 형태의 자료로 제공한다.
- 저시력 아동을 위해 가능한 한 대비효과가 큰 자료를 사용하도록 한다.
- 확대복사나 점자 자료를 만들기 위해서는 시간이 필요하므로 미리 준비한다.
- 워드프로세서의 사용을 장려한다.
- 필요한 보조기기를 사용하도록 권장하고 이에 대해 또래 일반아동에게도 설명한다.
- 시각장애 아동이 사용하는 다양한 특수기기에 익숙해지도록 한다.
  → 점자정보단말기, 점자타자기, 점필과 점판, 녹음자료 등
- 시험 보는 방법도 수정한다(확대시험지, 시간 연장, 대리 읽기 등).
- 시각장애 아동에게도 강도 높은 운동이 필요하므로 체육활동을 독려한다.

2) 교수 보조도구

(1) 시각적 보조도구

- 저시력 아동의 잔존시력을 보다 효율적으로 사용하기 위해 비광학 보조도구

- 시각장애 아동과 이야기할 때 '보는 것'과 관련된 단어 사용을 꺼리지 않는다.
- '여기', '저기' 등과 같은 불분명한 단어의 사용을 자제한다.
- 말할 때 누구에게 말하는 것인지 모두 알 수 있도록 아동의 이름을 부른 후 말한다.
- 시각장애 아동의 얼굴을 쳐다보며 직접 아동에게 말한다.
- 시각장애 아동에게 가까이 다가갈 때는 미리 알려주어 놀라지 않게 한다.
- 자리를 뜰 때에도 미리 알려주어 혼자 남아 말을 하지 않도록 한다.

를 활용한다.
  → 인쇄된 활자를 쉽게 읽고 눈의 피로를 감소시키기 위해 사용되며 독서대,
    사인펜, 큰 활자를 이용한 교재 등이 있다.

(2) 촉각적 보조도구

- 맹 아동은 대부분 촉각적 보조도구에 의존하여 학습한다.
- 저시력 아동은 시각적 또는 청각적 보조도구, 촉각적 보조도구 등을 함께 사용한다.
  → 점자도서, 점자타자기, 점판과 점필, 촉각그림 세트, 촉각지도와 지구본,
    점자측정도구 등이 있다.

3D프린터

최근 그 정밀함은 증가하고 비용이 낮아짐에 따라 촉각적 자료 제작에 많이 사용되고 있다. 또한 경험이 없는 교사들도 원터치 절차를 통해 고화질 모델을 프린트할 수 있을 정도로 간편해졌다.

(3) 청각적 보조도구

- 청각적 보조도구는 촉각적 또는 시각적 보조도구와 함께 사용하였을 때 효율성이 높다.
  → 녹음도서, 컴퓨터음성출력, 읽어주는 보조인, 음성전자계산기, 음성시계 등이 있다.

(4) 보조공학적 접근

- 컴퓨터 공학은 시각장애인의 교육과 재활에 많은 도움이 되고 있다.
- 정보를 좀 더 신속하게 접할 수 있고, 또래 일반아동과 함께 학습하는 데 큰
  도움을 준다.
  - → 점자정보단말기, 확대 독서기, 스크린 리더, 시각장애인용 독서기 등이
    있다.

  이러한 시각장애인용 기자재는 최근 국내 대학에서 장애 학생을 위해 갖추어야 하는 기본
  기자재에 포함되고 있다.

3) 그 외 특수교육적 접근

(1) 점자교육

- 점자는 인쇄물을 의사소통 도구로 사용하기 어려운 시각장애인들이 읽고 쓰
  기 위해 사용하는 촉각적 체계이다.
- 점판과 점필을 사용하여 일반 용지보다 두꺼운 종이에 튀어나오게 하여 촉각
  으로 판별한다.
- 1829년 프랑스 시각장애인 Louis Braille에 의해 창시되었고, 우리나라에서는
  1926년 박두성 선생이 한글판 점자 '훈맹정음'을 창시하였다.
- 최근 보조공학기구의 개발로 점자를 읽고 쓰는 속도가 빨라졌으나, 일반아동
  이 인쇄 활자를 읽거나 쓰는 것과 비교해 느리다는 제한점이 있다.

(2) 묵자교육

- 비장애인들이 사용하는 글자를 점자의 상대어로 묵자라고 부른다.
- 워드프로세서의 사용은 일반 글자(묵자)의 읽기와 쓰기에 도움을 준다.
- 입력한 글자를 음성으로 읽어주는 소프트웨어 프로그램을 사용하기도 한다.
  - → 자신이 글자를 바르게 입력했는지 점검이 가능하다.

(3) 방향정위와 이동성 훈련

• 방향정위(orientation)란 자신이 어디에 있는지, 어디로 갈 것인지, 주어진 상황에서 정보를 해석하여 목적지에 도달하는 방법을 아는 것이다.
  → 시각 외의 잔존 감각기관을 이용해 자신과 주위 환경과의 관계를 이해하는 능력을 말한다.

• 이동성(mobility)이란 한 곳에서 다른 곳으로 안전하면서도 효율적으로 움직이는 것을 포함한다.
  → 물리적 환경에서 안전하고 독립적으로 다닐 수 있는 능력을 말한다.

방향정위와 이동성은 상호보완적이지만 같은 의미는 아니다. 자신이 어디에 있는지는 알지만 안전하게 움직일 수 없는 사람도 있으며, 움직일 수는 있어도 방향감이 없어서 길을 잃어버리는 사람도 있다.

• 이동성 훈련 및 이동방법
  ① 흰 지팡이: 가장 보편화된 방법으로 지팡이를 반원모양으로 훑으며 장애물의 출현이나 보행표면의 변화를 파악한다.
  ② 따라가기: 선반이나 벽 등을 따라 이동하는 방법이다.
  ③ 맹인안내견: 개를 이용해 이동하는 방법이다.
    → 만 16세 이상, 개를 돌볼 수 있어야 하고, 뛰어난 방향성 능력이 요구된다.
  ④ 안내인: 시각장애인이 안내인의 팔꿈치 바로 윗부분을 잡고 반보 정도 뒤에서 따라 걸어가는 방법이다.
  ⑤ 전자보행보조기구: 일정한 범위 또는 거리 내에서 환경을 지각하기 위해 전파를 발사하고 그로부터 받은 정보를 처리하여 환경과 관계되는 정보를 사용자에게 알려주는 기구를 이용한 방법이다.
    → 레이저 지팡이, 소닉가이드 등

(4) 교육적 배치

- 미국과 달리 우리나라의 경우, 대부분의 시각장애 아동들은 일반학교가 아닌 기숙제 혹은 통학제 맹학교에 다니고 있다.
  - → 일반학교가 시각장애 아동을 통합하여 교육할 수 있는 준비를 갖추고 있지 않는 등의 현실적 여건으로 인해 바람직한 교육의 방향이 제대로 정립되지 못하고 있다.
- 시각장애 아동의 통합교육을 위해서는 일반교사와 시각장애 아동 모두에게 지원이 필요하다.
  - → 시각장애 전문교사(vision specialist)나 방향정위 및 이동 전문가가 순회하며 적절한 교수-학습 및 이동에 관한 자문과 직접적 지원을 제공할 수 있어야 한다.

(5) 기타

- 이외에도 시각장애 아동들은 청취기술, 독립적 생활기술, 여가활동기술, 직업교육 등 보다 확대된 교육과정의 적용을 필요로 한다.

CHAPTER 03

청각장애 아동

청각장애 아동은 외관상으로는 전혀 장애인처럼 보이지 않을 수 있기 때문에 다른 장애 영역보다 통합교육이 더 용이할 것으로 생각될 수도 있으나, 실제로는 청각장애 아동의 통합교육을 저해하는 여러 가지 요인들이 있다.

우선 청각장애는 교육의 기본 수단인 말을 통한 의사소통의 어려움을 초래한다. 따라서 청각장애 아동이 있는 학급의 교사는 아동이 잘 듣지 못하는 상황을 효과적으로 보완하고 아동의 잠재력을 최대한으로 키워 주기 위한 노력이 필요하다. 또한 청각장애 아동의 의사소통 문제는 학업 성취뿐 아니라 일반 또래와의 사회적 관계 형성에도 영향을 미치므로 교사는 이에 대한 효과적인 지도 방안에도 관심을 가져야 한다.

1 청각장애의 정의

1) 소리의 측정

(1) 강도

- 소리의 강도 또는 크기는 데시벨(dB: decibel)로 측정한다.
- 0dB은 정상적인 청력을 지닌 사람이 들을 수 있는 가장 작은 소리를 의미하며, 0HTL(zero hearing threshold level: 청력역치수준) 혹은 청력검사 엉점(audiometric zero)이라고 한다.
  - → 청력역치란 최초로 음을 탐지하는 수준을 말한다.

- dB이 높아진다는 것은 소리가 점점 커진다는 뜻이며 일반적으로 사람들은 125dB 이상의 소리에 고통을 느낀다.

(2) 주파수

- 소리의 주파수는 초당 사이클 수로 측정하며 헤르츠(Hz: hertz)로 나타낸다.
  → 1Hz는 초당 사이클이 한 번 있다는 의미이다.
- 말소리와 대부분의 환경 음은 각자 다른 주파수를 가진 복잡한 소리로 이루어져 있으며, 인간의 가청 주파수 대역은 약 20~20,000Hz 정도이다.
- 말소리를 듣는 데 가장 중요한 주파수 대역은 500~2,000Hz이지만 일부 소리는 이 범위를 벗어나 있다.
  → 고주파수 대역의 청력을 손실한 청각장애인은 여자 목소리보다 남자 목소리를 더 잘 듣게 된다.

2) 청각장애의 정의

(1) 생리학적 관점

우리나라 「장애인 등에 대한 특수교육법」과 「장애인복지법」에서는 청각장애의 정의를 다음과 같이 제시한다.

▌ 우리나라 현행법상 정의

장애인 등에 대한 특수교육법	청력손실이 심하여 보청기를 착용해도 청각을 통한 의사소통이 불가능 또는 곤란한 상태이거나, 청력이 남아 있어도 보청기를 착용해야 청각을 통한 의사소통이 가능하여 청각에 의한 교육적 성취가 어려운 사람
장애인복지법	**가. 청력을 잃은 사람** 1) 장애의 정도가 심한 장애인 두 귀의 청력을 각각 80데시벨 이상 잃은 사람(귀에 입을 대고 큰소리로 말을 해도 듣지 못하는 사람) 2) 장애의 정도가 심하지 않은 장애인 　가) 두 귀에 들리는 보통 말소리의 최대의 명료도가 50퍼센트 이하인 사람 　나) 두 귀의 청력을 각각 60데시벨 이상 잃은 사람(40센티미터 이상의 거리에서 발성된 말소리를 듣지 못하는 사람) 　다) 한 귀의 청력을 80데시벨 이상 잃고, 다른 귀의 청력을 40데시벨 이상 잃은 사람

	나. 평형기능에 장애가 있는 사람
	1) 장애의 정도가 심한 장애인 양측 평형기능의 소실로 두 눈을 뜨고 직선으로 10미터 이상을 지속적으로 걸을 수 없는 사람 2) 장애의 정도가 심하지 않은 장애인 평형기능의 감소로 두 눈을 뜨고 10미터 거리를 직선으로 걸을 때 중앙에서 60센티미터 이상 벗어나고, 복합적인 신체운동이 어려운 사람

3) 청각장애의 분류

- 생리학적 분류는 소리의 강도를 기준으로 하여 어느 정도 크기의 소리를 들을 수 있는지가 기준이 된다.
  - → 청력역치가 26~40dB일 때를 경도, 41~70dB일 때를 중등도, 71~90dB일 때를 중도, 그리고 91dB 이상일 때를 최중도의 청각장애로 분류한다.
- 교육학적 분류는 단순히 소리의 강도를 기준으로 삼는 것이 아니라 청력 손실이 아동의 말과 언어능력에 얼마나 영향을 미치는지가 기준이 되며, 농(deaf)과 난청(hard of hearing)으로 나눈다.
  - 청각장애: 경도에서 최중도에 이르는 청력 손실을 모두 지칭하는 일반적인 용어로 농과 난청이 모두 여기에 속한다.
  - 농: 청력 손실이 심하여 보청기 등을 착용하고도 청력을 활용하여 말소리를 이해하지 못하며, 학습과 의사소통에서는 시각을 주요 감각수단으로 사용한다.
  - 난청: 대개 보청기의 도움을 받아 잔존청력을 사용할 수 있으며, 비록 말과 언어기술이 지체되거나 결여되기는 해도 주로 청각통로를 통해 어느 정도 소리의 인식이 가능하다.
- 청력손실의 시기에 따라 교육적 측면에서는 언어습득 전·후로 나누어 분류하기도 한다.
  - 청력 손실이 언제 발생했는가에 따라 언어 발달에 미치는 영향이 절대적으로 달라진다.
  - 선천적이거나 언어 형성 이전인 1~2세 때 청각장애가 발생한 경우에는 교육적으로도 심각한 영향을 받게 된다.

- 반면 <u>어휘나 언어 구조, 읽기 능력 등이</u> 어느 정도 갖추어진 10세경에 청각장애가 발생한 경우에는 지속적인 발전을 기대할 수 있다.

▌ 언어습득시기에 따른 분류

언어 습득 전	언어 습득 후
• 듣고 말하는 언어를 습득하기 이전에 청각장애로 판명되는 경우 • 선천적이거나 영유아기 전후 발생	• 언어를 습득한 후에 외부 환경의 어떠한 요인으로 인해 청각장애로 판명되는 경우 • 후천적으로 유아동기 전후 발생

- 출생 시의 청각장애 유무에 따라 '선천적 농'과 '후천적 농'으로 구분하기도 한다.
- 청각 체계 어느 부분의 이상으로 청각장애가 일어났는가에 따라 '전음성', '감음신경성', '혼합형' 등으로 구분하기도 한다.

2 청각장애의 원인

- 청각의 손상은 소리 파장을 신경적 충동으로 바꾸어 두뇌에 정보로 전달해 주는 일련의 과정 중 어느 부분에 방해를 받을 때 일어난다.
- 청각의 손상은 여러 가지 요인에 의하여 일어날 수 있으며, 청각 체계의 어느 부분에 결함이 있는가에 따라 청력 손상의 유형이 달라진다.

1) 귀의 구조

- 귀의 기능은 외부환경으로부터 소리(음향 에너지)를 모아서 그 에너지를 우리 뇌가 해석할 수 있는 형태(신경 에너지)로 변화시키는 것이다.
- 귀의 구조는 크게 외이, 중이, 내이로 나누어진다.
  - 외이: 바깥귀라고도 하며 외부에 돌출된 귓바퀴, 즉 이개와 귀 내부의 고막, 고막까지의 통로인 외이도로 구성되어 있다. 귓바퀴는 소리를 모으는 역할을 하며, 고막은 소리가 닿으면 진동하는 얇은 막으로 소리의 진동을 중이로 전달하는 역할을 한다.
  - 중이: 세 개의 작은 뼈가 연결된 이소골과 난원창으로 되어 있으며, 이소골

▌귀의 구조

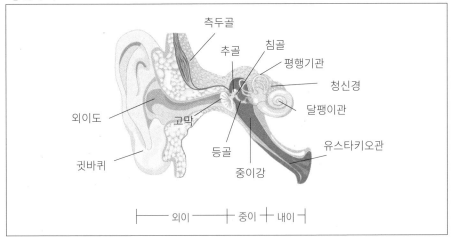

측두골
추골 침골
평행기관
청신경
외이도 달팽이관
고막
유스타키오관
등골
귓바퀴 중이강

├── 외이 ──┼── 중이 ┼ 내이 ┤

은 고막의 진동을 증폭시켜 난원창에 전달함으로써 내이로 연결시키는 역
할을 한다.
- 내이: 균형감각을 주로 담당하는 전정기관과 청각에 중요한 역할을 하는
와우각(달팽이관)이 있다. 와우각에서는 중이의 기계적 자극을 청신경의 전
기적 자극으로 바꾸는 역할을 한다. 중이의 이소골의 영향으로 난원창이
흔들리게 되면 와우각 내의 액체가 흔들리게 되고, 코르티씨 기관의 유모
세포와 섬모세포의 움직임을 일으켜 와우신경, 즉 청신경의 신호를 발생
시키게 된다. 이러한 청신경의 자극이 두뇌 측두엽에 위치한 청각중추에
도달하게 되면 이곳에서 청각정보를 지각하고, 기억, 분석한다.

2) 청각장애의 원인

• 청각장애는 외이, 중이, 내이 중 어느 하나에라도 손상이 생기면 발생할 수
있다.
  → 일반적으로 단순한 외이의 손상만으로 청각장애가 되는 경우는 드물다.
    (외이도 폐쇄증, 외이도염, 외이도 이물질 등)
• 중이의 이상은 외이의 경우보다 심각한 청력 손실을 가져오지만 대부분 농보
다는 난청으로 구분되는 경우가 많다.

→ 의학적인 치료나 수술 등으로 교정이 가능한 경우가 많다.

(고막천공, 중이염, 이경화증, 이소골 기형 등)

- 내이의 손상은 소리를 인식하는 데 치명적이며, 회복되기 어려운 경우가 많다.
  → 내이의 이상으로 인한 청각장애는 그 정도도 심하고 의학적, 교육적으로도 큰 문제가 된다.

(선천성 기형, 감염 또는 약물, 청각기관의 노화, 메니에르병, 두부외상, 중추질환 등)

▌ 전음성 청각장애와 감음신경성 청각장애의 원인

전음성 청각장애 (conductive hearing loss)	• 전도성이라고도 불리며, 외이나 중이의 이상으로 인해 내이에까지 도달하는 소리의 양이 줄어들어 청각장애가 생긴다. • 중이염 등에 의해서 일시적으로 생기는 경우가 많으며, 신속히 의학적 처치를 하면 곧 없어진다. • 지속적인 청각장애를 보이는 경우에도 보청기를 사용하여 소리를 확대해 주면 어느 정도 청력을 회복할 수 있다.
감음신경성 청각장애 (sensorineural hearing loss)	• 달팽이관이나 청신경에 손상을 입은 경우로 전음성보다 청력손실 정도도 심하고 예후도 좋지 않다. • 풍진, 뇌(막)염, 홍역, 수두 등의 바이러스성 질환이나 RH 부적합 또는 유전적인 요인 등에 의해서 초래한다. • 노화현상이나 큰 소리에 오래 노출되어 생기기도 한다. • 감음신경성 청각장애는 수술 등의 의학적 치료로 회복이 안 되기 때문에 재활치료적인 접근이 필요하다. • 최근 인공와우 이식수술, 청성뇌간이식술 등으로 치료 가능성이 넓어지고 있다.

- 현재까지 약 400가지가 넘는 청력손실의 유전적 원인이 규명되어 있지만, 여전히 50%가 넘는 수는 정확한 원인을 알 수 없다.

3) 청각장애아동의 판별

청각장애 아동 중에는 학교에 입학하고 나서 장애가 발견되는 경우도 종종 있고, 병이나 사고 직후 청각장애가 발생되기도 한다. 따라서 교사는 아동이 평소 청각의 이상을 나타내는 행동을 보이는지 잘 관찰해야 한다.

▌ 청각 이상을 의심해 볼 수 있는 징후들

행동	• 부드럽게 부르면 처음 불렀을 때 반응하지 않는다. • 주변 환경음에 반응하지 않는다. • 소리에 반응하지 않거나 어디서 소리가 나는지 잘 알지 못한다.

	• 발음이나 구어 사용이 같은 연령대의 또래 아동들과 다르다. • 구어적 지시를 잘 알아듣지 못한다. • 주의집중을 못하는 것처럼 보인다: "네?", "뭐라고요?" 등의 질문을 다른 아동 보다 많이 한다. • 언어 이해 및 의사소통을 위한 어휘 사용에서 전형적인 발달을 보이지 않는다.
외모	• 귀에서 체액 또는 혈액이 흘러나온다. • 계속 귀를 잡아당긴다.
아동의 불평	• 평소 잘 들리지 않는다거나 피곤하다는 말을 자주 한다.

4) 청력 검사

- 가장 많이 사용되는 것은 순음청력검사(pure tone audiometry)이다.
  - → 소리의 높이(주파수; Hz)와 강도(데시벨; dB)를 변화시키면서 개인의 청력역치(각 주파수대에서 처음 소리를 인식하는 데시벨 수준)를 측정하는 방법이다.
  - → 일반적으로 1~110dB 사이와 125Hz(저음)에서 8,000Hz(고음) 사이의 소리에 대한 반응을 측정한다.

▌다양한 환경 음의 소리 수준

dB	환경음의 예
30	귓속말, 조용한 도서관의 소리
40	나뭇잎 바스락거리는 소리
50	빗방울, 냉장고 소리
60	보통의 대화 소리, 에어컨 소리
70	도시, 고속도로에서의 소리, 재봉틀 돌아가는 소리
80	헤어드라이기, 자명종 소리
90	잔디 깎는 기계, 오토바이 소리
100	쓰레기 수거 트럭, 스노우모빌 운행 소리
110	근거리에서 소리 지르기, 댄스클럽, 자동차 경주장의 소리
120	비행기 이륙, 자동차 스테레오를 최대한 높일 때의 소리
130	락 음악 공연, 굴착기 소리
140	폭죽, 가까이서 나는 총소리, 제트기 엔진

- 청력도(audiogram): 각 주파수대별로 개인의 청력역치를 그래프로 표시한 것
  - 청력도는 청각장애가 전음성인지 감음신경성인지를 알게 해 주고, 장애가

특히 심한 음역과 심하지 않은 음역 등 개인의 장애 특성을 파악하는 데 용이하다.
- 순음청력검사는 일반적으로 기도(또는 기전도)청력검사와 골도(또는 골전도)청력검사로 이루어진다.
  - 기도청력검사: 이어폰을 끼고 외이와 중이를 통하여 전달되는 순음청력을 측정한다.
  - 골도청력검사: 진동기를 사용하여 진동이 직접 두개골을 통해 내이에 전달되어지도록 하는 검사방법이다.
- 어음청력검사(speech audiometry): 일상적인 의사소통능력을 알아보기 위한 검사로, 언어의 청취능력 및 이해능력을 평가한다.
- 놀이청력검사(play audiometry): 아동이 순음이든 어음이든 간에 신호음을 듣게 될 때마다 공을 컵에 넣거나 장난감을 집는 것과 같은 단순 명확한 행동으로 판단하는 검사이다.
- 그 외 조작적조건 청력검사, 행동관찰 청력검사, 신체반사를 실시하는 검사, 뇌파를 이용하는 검사 등이 있다.

3 청각장애 아동의 특성

청각장애 아동은 매우 이질적인 집단으로 구성되어 있다. 따라서 교사는 청각장애 아동의 행동 특성이나 학업성취의 수준을 모든 청각장애 아동에게 일반화해서는 안 된다. 청력 손실의 유형과 정도, 청력손실 시기, 아동의 부모나 형제의 태도, 제1언어 습득 여부(구어 또는 수어), 중복장애 여부 등에 따라 아동의 의사소통과 언어기술, 학업성취와 사회·정서적 기능이 달라진다.

1) 말과 언어 발달

- 언어를 습득하기도 전에 90dB 이상의 청각장애를 가지게 되는 농 아동은 또래 일반아동에 비해 언어기술을 습득하는 것에 있어 매우 불리하다.
- 또래 일반아동들은 영유아기 때부터 많은 어휘, 문법지식, 어순, 관용 표현, 의미의 뉘앙스, 그리고 여러 가지 구어 표현들을 타인에게 말하거나 혹은 타

인이 자신에게 말하는 것을 듣고 자연스럽게 습득한다.

→ 그러나 <u>출생 시나 출생 직후 타인의 말소리를 듣지 못하게 되는 청각장애 아동은 말과 언어를 자발적으로 학습하는 것이 매우 어렵다.</u>

읽기와 쓰기가 음운론적 언어의 문자 표현과 관련되어 있기 때문에 농 아동은 부분적으로 또는 전혀 이해하지 못하는 언어로 된 글을 해독하고, 이해하고, 산출하는 것들이 어려울 수밖에 없다.

- 청각장애 아동이 경험하는 <u>가장 큰 어려움은 사회에서 일반적으로 사용하는 언어로 의사소통하기가 힘들다는 것이다.</u>
- 국어, 특히 말하기 능력은 같은 또래의 일반아동에 비해 많이 뒤떨어진다.
- 청각장애 아동은 이 모든 것들을 직접 반복과 교정훈련 등을 통해 배워야 한다.
  → 일반적으로 경도나 중등도의 청력손실을 가진 아동의 말이 중도나 최중도의 청각장애 아동의 말보다 더 알아듣기 쉽다.
- 특정 음소를 탈락시키거나 다른 음소로 대치하기, 말의 억양이나 높이의 어색함, 속도나 운율의 부적절함 등이 나타나며, 비음이나 지나치게 탁한 소리를 내거나 숨찬 소리를 낸다.
  → 자신의 소리를 들을 수 없기 때문에 자기의 소리를 평가하고 조절하는 것이 어렵다.
- <u>어휘와 문장구조의 습득에도 어려움을 겪는다.</u>
  - 같은 또래의 일반아동에 비해 어휘력이 떨어질 수 있다.
  - '전, 후, 동일한, 질투' 등과 같은 추상적인 단어보다 '나무, 책, 달리다' 같은 구체적인 단어를 더 쉽게 배운다.
  - 문법적인 지식이 부족한 경우가 많다.
  - 특히 '~은, ~는, ~이, ~가, ~와, ~들' 등의 사용에 어려움이 많다.
  - 문장을 구성할 때 단문장 형식으로 아주 짧게 표현하는 경향이 있다.
  - 한 단어에 두 가지 뜻이 있음을 모르는 경우도 많다.

▌ 청력손상 정도와 의사소통능력 간의 관계

청력수준	청각장애정도	의사소통에 미치는 영향
15dB 이하	정상	의사소통에 아무런 영향을 미치지 않는다.
16~25dB	정상-경도	일상적인 소리를 듣고 생활하는 데에 어려움이 없다. 조용한 환경에서는 말을 알아듣는 데 아무 어려움이 없으나, 시끄러운 곳에서는 작은 말소리를 잘 못 알아듣는다.
26~40dB	경도	조용한 환경에서는 알고 있는 주제에 대해 일반적인 어휘 수준으로 이야기할 때 의사소통의 어려움을 느끼지 않는다. 조용한 곳이라도 희미하거나 먼 소리는 듣기 어렵다. 교실에서의 토론을 따라가기가 쉽지 않다.
41~55dB	중등도	대화하는 말은 가까운 거리에서만 들을 수 있다. 학급 토론과 같은 집단 활동에서는 의사소통의 어려움을 겪는다.
56~70dB	중등도-중도	대화할 때 크고 분명한 말소리만 들을 수 있으며, 여러 명이 있을 때는 훨씬 어려움이 크다. 말할 때 다른 사람이 알아들을 수는 있지만 발음이 명료하지 않다.
71~90dB	중도	큰소리의 환경 음은 감지할 수 있으나 많은 경우 음원을 정확하게 알기 어렵다. 말소리가 거의 들리지 않아 대부분의 단어가 인식되지 않는다. 말의 명료도는 거의 알아듣기 어렵다.
91dB 이상	최중도	비행기 이륙소리나 대형 트럭 경적소리처럼 아주 큰 환경 음 정도는 들을 수(도) 있지만 대화하는 말은 전혀 듣지 못한다. 시각이 주요 의사소통 수단이 된다. 말을 할 수 있다고 해도 대부분 알아듣기가 어렵다.

2) 학업성취

• 언어능력의 결여는 국어 교과뿐 아니라 다른 교과목에도 영향을 미치며, 전반적으로 학업 성취가 뒤떨어지는 결과를 초래하기도 한다.

  → 교재, 과제물, 시험 등이 모두 언어능력에 기초하고 있기 때문이다.

• 학업수행능력과 지능을 동등하게 생각해서는 안 된다.

  → 농 그 자체는 개인의 인지능력에 큰 영향을 미치지 않으며 학업수행과정에서 불리하게 작용하는 것뿐이다.

• 실제로 아동 개인의 노력과 각자 처해져 있는 가정환경 및 교육환경 등에 따라 몇몇 농 아동은 유창하게 읽고 학문적으로 뛰어나기도 하다.

3) 사회-정서적 발달

- 청각장애 아동의 사회-정서적 발달은 일반아동의 발달과 크게 다르지 않다.
- 유아기에는 청각장애 아동과 일반아동 간에 큰 차이 없이 잘 어울리지만, 연령이 높아질수록 서로 간의 상호작용과 친밀한 친구관계를 유지하기 어려워진다.
  - → 점차 언어를 이용한 의사소통이 친구관계의 형성과 사회-정서적 발달에 큰 영향을 미치게 되기 때문이다.
- 청각장애 아동은 학교나 사회생활에서 행동적인 어려움을 보이는 경우가 많다.
  - → 간혹 경도의 난청 아동도 교사의 지시나 억양을 정확히 듣지 못할 가능성이 있어 주의가 산만하거나 미성숙한 모습처럼 비춰질 수 있다.
- 일반아동은 주변에서 일어나는 일을 관찰하고 들음으로써 꼭 교사로부터 배우지 않아도 알게 되지만, 청각장애 아동에게는 그러한 <u>기회가 전혀 없거나 적기 때문에</u>, 또래의 일반아동보다 더 순진하거나 또는 덜 사회적인 것처럼 보이기도 한다.
  - → 필요하다면 <u>사소한 사회적 관습이나 태도를 구체적으로 가르쳐야</u> 한다.
- 수어를 이용하여 의사소통을 하는 청각장애 아동은 일반학급에 통합되어 있을 때 사회적 고립을 경험할 수 있다.
  - → 교사는 일반아동이 청각장애 아동과 좀 더 쉽게 소통하고, 서로에 대한 이해를 넓힐 수 있도록 다양한 노력을 기울여야 한다.

4) 농 문화(deaf culture)

- 청각장애인은 자신들만의 유대가 매우 깊을 뿐만 아니라, 청각장애인 문화 또는 <u>농 문화</u>라는 용어가 생길 정도로 자신들만의 독특한 사회문화를 형성하고 있다.
- <u>수어를 공통적으로 사용함으로써</u> 서로 효과적인 의사소통을 하고 공동체 의식을 형성하면서 <u>스스로의 자부심과 긍정적인 자아개념을</u> 발달시킨다.
  - → 자신들만의 행동규범과 가치관을 가지고 있으며, 청각장애인 사회를 위한 많은 자발적인 단체와 지원망을 가지고 있다.

- 자신들을 수어라는 언어를 가진 별개의 문화집단으로 간주하며, 장애인으로 대하는 사회 인식을 거부한다.

  → 청각장애인 사회는 <u>일반사회에 포함된 하나의 소수 사회로서 기능</u>한다.

우리나라의 경우 미국처럼 소수사회로서의 분리의식이 두드러지게 나타나지는 않고 있으며, 한국농아인협회나 한국청각장애인협회 등의 단체가 있어 수어통역사를 양성하거나 청각장애인을 위한 편의시설 증진 등의 일을 통하여 청각장애인의 사회 적응을 돕고 있다.

4 청각장애 아동 교육지원

1) 통합교육을 위한 일반적 지침

청각장애 아동을 가르치기 위해 일반학급 교사가 반드시 수어를 익힐 필요는 없다. 청각장애를 지닌 대부분의 아동은 <u>시각적 지원과 청각적 보완</u>과 같은 적절한 도움과 교수절차상의 수정이 이루어진다면, 일반학급에서도 충분히 교육을 받을 수 있다.

<좌석배치 및 교실환경>

- 식당이나 음악실 등으로부터 먼 교실을 택한다.
- 교사를 정면으로 바라볼 수 있는 자리에 배치한다.
- 토론이나 다른 아동의 발표가 있을 때 필요하다면 청각장애 아동이 자리를 옮겨 다니며 <u>말하는 사람의 입을 볼 수 있게 해 주어야</u> 한다.
- 교실 안팎의 <u>소음을 가능한 한 줄인다.</u>
- 의자 다리 밑에 커버를 씌우거나 가능하다면 카펫이나 커튼 등을 이용하여 소리를 흡수하도록 한다.
- 청각장애 아동의 나이가 어린 경우 교실 내의 물건에 이름을 써 붙여 어휘발달을 돕는다.
- 보청기나 인공와우를 항상 착용하도록 독려한다. 불편하다는 이유로 자꾸 빼게 되면 학습내용을 이해하기가 더 어렵게 되기 때문이다.
- 보청기나 인공와우의 상태를 매일 확인한다.

<말할 때 유의사항>

- 교사는 말할 때 청각장애 아동에게 등을 돌리는 일이 없도록 주의한다.
- 말하는 사람이 빛을 등지고 서지 않도록 한다.
- 적절한 크기와 분명한 발음으로 말한다.
- 말의 강도와 속도, 말의 길이, 단어의 친숙도 등을 늘 고려해야 한다.
- <u>완전한 문장으로 말해 준다.</u> 알아듣지 못했을 때에도 한두 단어만 말해 주지 말고 전체 문장을 다시 반복하거나 말을 바꾸어서 해 준다. 문장 속에서 내용과 의미를 파악하기가 더 쉽기 때문이다.
- 토론 활동 시 <u>한 번에 한 사람씩 말하게 하고,</u> 누가 말하는지 알려주어 누구를 보아야 하는지 알 수 있도록 한다.
- 교사나 또래들이 청각장애 아동과 이야기할 때, 자연스럽게 이야기하고 몸짓도 자연스럽게 하되 <u>얼굴을 마주 보며 말하도록</u> 한다.
- <u>자료를 나누어 줄 때는 말하지 않는다.</u> 자료와 교사의 입을 동시에 볼 수 없기 때문이다.
- 독화하거나 귀 기울여 듣는 일은 매우 힘든 일이므로 피로해하지 않는지 수시로 점검한다.

<수업활동 시 유의사항>

- 수업을 시작할 때 중요한 내용을 미리 요약하여 제시하고, 마칠 때도 요점을 정리해 주는 것이 도움이 된다.
- 가르치는 개념에 대해 명확하게 설명하고 시각적 예를 많이 사용한다.
- 용어를 일관되게 사용하는 것이 좋다.
- 게시판, 그림, 도표, 컴퓨터 그래픽 등 <u>시각적인 교수방법을 최대한 활용</u>한다.
- 중요한 단어나 새로운 단어는 칠판에 써주고, 수업 전에 미리 새로운 단어를 공부할 수 있게 해준다.
- 과제물이나 공지사항, 새로운 어휘, 페이지 등을 말할 때 칠판에도 적어준다.
- 비디오나 컴퓨터 동영상 자료 등을 볼 때 자막이 있는 것을 선택한다.
- 수업이 강의식으로 진행될 때는 다른 친구 두 명 정도의 노트를 빌릴 수 있게

한다. 독화하면서 동시에 필기가 불가능하기 때문이다.

· 수업 내용을 이해했는지 질문하고 확인한다.

　→ 장애 여부와 상관없이 아동들이 수업내용을 항상 잘 이해하는 것이 아니며, 교사에게 질문하는 것을 어렵게 생각하는 경우가 많기 때문이다.

<수어통역사의 활용>

· 독화나 청음이 불가능하거나 비효율적인 경우에는 수어통역사가 필요하다.

· 미국의 경우 관련서비스의 하나로 교육적 수어통역사가 필요에 따라 제공되지만, 우리나라에서는 독화와 구어 사용 능력이 통합의 전제조건처럼 생각되고 있는 탓에 수어를 사용하는 아동은 통합되지 못하고 있는 실정이다.

· 다음은 수어통역사를 활용하는 데 있어서의 유의사항들이다.

▌수어통역사 활용 시 유의할 점

수업 전	· 청각장애 아동이 교사, 수어통역사, 다른 시각적 교수 자료를 번갈아가며 보기 쉬운 자리에 배치한다. 소집단 토의 때는 반원형이 좋다. · 칠판, 지도, PPT 등의 시각적 자료를 다양하게 활용하여 수어통역사의 설명을 이해하기 쉽게 해 준다. 불을 꺼야 할 때도 부분 조명을 이용하여 수어통역사를 볼 수 있도록 한다. · 수어통역사는 수업 내용에 대해 익숙하지 않으므로 사전에 교안이나 주요 단어와 교재 등을 제공해 주요 학습내용 중 어려운 수어나 개념 등을 미리 준비할 수 있게 해 준다. · 토론을 자주 하거나 기자재를 이용하게 될 때에는 자리 배치에 대해 미리 생각하도록 한다. · 교사와 수어통역사의 역할을 확실히 한다. · 수어통역사와 교사 간의 정기적인 회의시간을 정해놓는다.
수업 중	· 가능한 한 고정된 위치에서 청각장애 아동을 마주 보고 수업한다. 수어통역사가 있어도 교사의 말을 독화하거나 제스처 등을 보아야 하기 때문이다. · 아동의 행동 지도 및 학급 관리는 교사가 담당하고 수어통역사에게 맡기지 않는다. · 아동이 이해하는지에 대한 책임은 수어통역사가 아니라 교사 자신에게 있음을 인식한다. · 수어통역사가 용어나 개념을 설명할 때 충분한 시간을 준다(특히 난이도가 높은 문장으로 된 교재나 시험문제 등). · 교사나 또래 모두 청각장애 아동에게 질문을 할 때는 아동에게 직접 하고(예: '동규는 어떻게 생각하니?'), 수어통역사에게 하지 않는다(예: '동규는 어떻게 생각하는지 물어봐주세요').

• 기회가 된다면 수어통역사가 학급 전체 아동을 대상으로 수어를 소개하고 가르칠 수 있는 시간을 마련하여 청각장애 아동과 또래 일반아동의 상호작용을 돕는다.
• 청각장애 아동의 생활지도를 위해 교사는 간단한 수어 정도를 익혀두면 편리하다.

2) 특수교육적 중재

청각장애 아동의 교육에 있어서 가장 중요하고 어려운 문제는 어떻게 효과적으로 <u>다른 사람들과 상호작용하는 데 필요한 의사소통 기술을 발달시키고 교육적 성취의 기본이 되는 국어, 즉 읽고 쓰는 능력을 발달시키는가 하는 것이다.</u>

(1) 구화교육(aural-oral method)

• 구화교육은 조기교육이 필수다.
   → 조기에 적절히 훈련받지 못하면 잔존청력과 조음능력의 개발이 활용 가능한 수준까지 이루어지기가 어렵다.
• 구화교육에서는 직접적이고 매우 엄격한 말소리 교육을 통해 전형적인 구어를 발달시키는 것을 강조하고 있다.
• 적절한 보청기를 사용함으로써 소리를 확대하는 것이 중요하며, 부족한 부분은 청능훈련을 집중적으로 실시함으로써 보완한다.
• 구화교육은 청능훈련, 발화, 독화로 이루어진다.
   – 청능훈련: 아동의 잔존청력을 활용하도록 가르치는 절차로 먼저 소리의 존재에 대하여 인식하게 하고, 다음 단계에서는 여러 가지 환경 음을 변별하도록 훈련하며, 마지막으로 말소리 변별을 목표로 한다.
   – 발화: 입 벌려 말하는 방법을 가르치는 것으로, 분석법/전체법, 형식적 방법/비형식적 자연법, 단일감각법/다감각법 등이 있다.
   – 독화: 말하는 사람의 입술 움직임을 보고 무슨 말을 하는지 아는 것으로 독화를 위해서는 입술의 빠른 움직임을 파악할 수 있는 예민한 시지각 능

력이 필요하다.

- 어떤 말소리는 입술의 움직임으로 보이지 않을 뿐만 아니라(예: 학교의 'ㅎ'), 말소리의 입술 모양이 같은 경우가 많아서 분별에 어려움을 겪을 수도 있다(예: 포도, 보도).
  → 입술 모양만으로 말소리 판별이 어려운 경우, 전후 문맥에 근거해서 단어를 유추한다.
  → 잘못 알아들었을 때는 한두 단어를 반복하기보다는 전체 문장을 반복해 주는 것이 좋다.
- 구화교육은 가능한 한 조기에 실시할수록 구화 사용능력을 많이 개발할 수 있다. 따라서 유치원이나 초등학교 저학년에서는 구화교육에 전념하는 경우가 많다.
  → 그러나 점차 습득해야 할 정보의 분량이 많아지고 표현하고자 하는 내용도 복잡해짐에 따라 구화만으로는 충분한 교육적 효과를 기대할 수 없다고 판단되면 수어를 함께 사용한다.

(2) 수어

- 수어는 청력을 통한 의사소통에 어려움을 겪는 농아의 경우에 그 활용도가 높다.

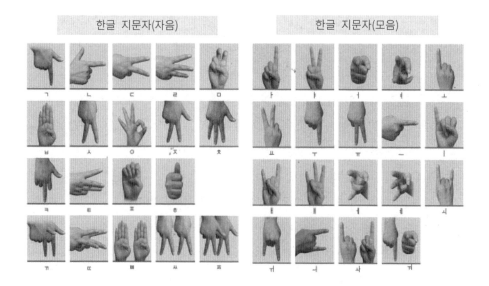

한글 지문자(자음)　　한글 지문자(모음)

- 지문자는 몸짓을 많이 사용하는 수어에 비해 손가락을 주로 사용하여 자음과 모음을 나타내는 것으로 문법수어라고도 한다.

(3) 총체적 의사소통방법(total communication)

- 독화, 말하기, 듣기, 수어, 지문자 등을 모두 함께 사용하여 의사소통하는 방법이다.
  → 청각장애 학생의 2/3 이상이 총체적 의사소통방법을 사용하는 것으로 보고된다.

(4) 이중언어-이중문화적 접근(bilingual-bicultural method)

- 청각장애인의 문화와 언어(수어)를 존중하여 이중문화 또는 이중언어를 습득하는 것처럼 일반 비장애인의 문화와 그 언어를 배우도록 하는 것이다.
  → 일차적으로는 그들의 모국어나 다름없는 수어를 가르치면서, 이중언어로서 자신이 속해 있는 사회의 언어(예: 한국어, 영어 등)를 함께 가르친다.

(5) 인공와우(cochlear implant)

- 인공와우는 보청기로도 효과를 보기 어려운 고도의 감각신경성 난청을 가진 사람들에게 사용된다.
- 언어습득 전·후의 아동과 성인의 의사소통에 큰 도움을 줄 수 있다고 알려졌으며 수십 년간 전 세계적으로도 효과적인 재활 방법으로 인정되고 있다.
- 인공와우이식은 외부의 음원으로부터 전달되어 온 소리 에너지를 내이를 대신하여 전기에너지로 변환시키고, 달팽이관에 삽입된 전극을 통하여 청신경을 직접 자극하여 소리를 들을 수 있도록 하는 수술이다.
  → 삽입된 전극이 와우에 주파수별로 다른 정보를 전달하여 자음의 분별에 필요한 정보를 얻을 수 있게 해 주며 환경 음과 언어를 구별할 수 있게 해 준다.
- 수술 후 커다란 귀걸이형의 외부 어음처리기 장치를 귀에 착용하므로 귀 모양이 기형적으로 작은 사람이나 어린 영유아는 이러한 장치착용에 불편을 겪기도 한다.

→ 최근 기술의 발달로 귀에 따로 착용하는 장치 없이 머리카락 속 안에 원형 어음처리기만 붙여 사용하기도 한다. 또 건전지가 아니라, 완전히 기기와 통합되어 재충전이 가능한 배터리가 장착된 일체형 인공와우, 일체형 충전식 어음처리기도 출시되었다.

• 수술 후 단계별 집중적인 청능훈련 및 언어치료가 이루어져야 한다. 여기에 가정에서의 적절한 지도가 뒷받침되었을 때 인공와우를 통해 얻는 청각적 정보를 사용하여 언어를 이해할 수 있으며, 발성 및 조음능력의 향상까지 도달할 수 있다.

인공와우 착용 아동을 위한 교사의 지원

• 아동의 자리배치를 고려한다. 인공와우를 착용한 아동은 소음으로부터 먼 곳이 좋으며, 교사의 입 모양을 잘 볼 수 있는 앞자리에 앉히는 것이 좋다.
• 소음을 통제한다. 외부의 소리가 클 경우에는 창문을 닫거나, 교실 내에서도 지나친 소음은 통제해 준다.
• 교실에서는 FM 시스템을 함께 사용하여 교사의 말을 더 잘 들을 수 있도록 할 수 있다.
• 아동이 쉽게 이해할 수 있도록 문장을 간결하게 재구성해 주거나 반복해서 말해준다.
• 독화를 돕기 위해 교사는 말할 때 입 모양을 보여주거나 시각적 단서 및 자료를 제시해 준다.
• 일상적인 활동에서는 지장이 없으나 과격한 체육활동에 참여할 시에는 헬멧을 착용하거나 수술 부위에 충격을 받지 않도록 한다.
• 배터리 소모가 다 되었거나 어음처리기가 떨어지는 경우가 있을 수 있으므로 아동이 평소와 다른 태도를 보일 경우 반드시 확인해 본다.
• 정전기에 노출될 경우 어음처리기의 맵이 변조될 수 있으므로 플라스틱으로 된 기구들은 피하는 것이 좋다. 플라스틱 제품보다는 목재로 된 것을 제공해 주며, 정전기가 불가피한 경우에는 외부 기기를 빼놓도록 한다.
• 바닥에서의 활동이 많은 경우에는 정전기가 많이 발생하는 카펫은 피하는 것이 좋으며, 경우에 따라 정전기용 스프레이 등을 뿌리는 것이 좋다.

(6) 기타 보조공학

① 보청기

– 소리의 강도를 증폭시켜서 좀 더 잘 들을 수 있도록 돕는 기구로 귀에 걸거나 귀 속에 넣는 등 다양한 형태와 크기로 제작된다.

- 소리를 증폭시키는 역할을 할 뿐, 소리를 더 명확하게 하는 것은 아님을 명심한다.
- FM 보청기: 교사가 작은 마이크를 착용하고 말하면 소형 라디오와 같은 트랜스미터를 통해 아동이 귀에 착용하고 있는 보청기로 확대된 음성이 전달된다. 따라서 교사가 자리를 옮겨도 동일하게 음성이 전달되고 목소리 외의 소음이 상대적으로 감소되는 장점이 있다.

② 컴퓨터 테크놀로지
- 컴퓨터는 일반적인 사용 외에도 발음 연습, 청능훈련, 수어교육, 독화 연습, 언어 보충학습 등 다양한 방법으로 청각장애 아동을 위해 활용될 수 있다. 또한 스마트폰이나 다른 모바일 장비를 활용하여 문자 메시지나 이메일, 웹서핑이 가능하며 이를 통해 SNS 등 사회적 매체에 참여할 수 있다.

③ 말-문자 변환 장치
- 컴퓨터 보조 말–문자 변환 장치는 교실 내 수업이나 강의 등을 실시간으로 농 아동에게 문자로 보여주는 장치이다. 변환은 말 군더더기는 제외하며, 중요한 키포인트는 강조한다. 가능한 원래의 정보에서 벗어나지 않도록 하며 정보를 요약하기도 한다. 문자로 변환된 파일은 저장, 수정, 출력이 가능하다. 최근에는 스마트폰에서 '실시간 자막' 등과 같은 무료 앱을 다운받아 간단하게 사용할 수도 있다.

④ 텔레비전, 비디오, 영화 자막서비스
- 공영방송이나 상업방송 프로그램에서 제공되는 서비스로, 자막의 활용을 통하여 보다 다양한 어휘와 구문을 접하게 됨으로써 언어능력을 신장시킬 수 있다.

⑤ 청각장애인용 전화기
- 문자전화기와 골도전화기 등이 있다.

⑥ 알림 장치

 − 출입문의 벨소리, 화재경보, 자명종, 전화벨 등의 소리를 듣지 못하는 청각
   장애인이 소리 대신 신호를 전달받을 수 있도록 불빛을 깜빡이는 시각적
   인 단서나 진동을 사용한다.

CHAPTER 04

지체 및 건장장애 아동

처음으로 지체장애인(특히 뇌성마비 장애인)을 대하는 사람들이 흔히 가지는 편견 중 하나는 그들이 지능이 낮을 것이라고 판단하는 것이다. 이는 뇌성마비 장애인들이 안면근육을 조절하지 못하고 사지가 흔들리며 경직되는 모습, 혹은 불완전한 말소리나 발성을 대하면서 무심결에 가지는 생각이다.

그러나 최근 장애인의 대학 특례입학이 꾸준히 늘고 있으며 그 중에서도 지체장애 학생이 가장 높은 비율을 차지한다. 그들 중 상당수가 특수학교나 특수학급이 아닌 일반학급에서 교육을 받는다. 따라서 일반학급 교사는 지체장애에 대한 이해는 물론 지체장애 아동을 위한 교육방법에 대하여 알고 그들의 학업성취를 도울 수 있어야 한다. 또 지체 및 건강장애에 대한 올바른 지식을 갖추었을 때 아동에 대한 막연한 두려움을 없앨 수 있으며, 그 아동뿐만 아니라 전체 학급을 위한 효과적인 교육을 실시할 수 있게 된다.

1 지체 및 건강장애의 정의

• 「장애인 등에 대한 특수교육법」과 「장애인복지법」에서도 각각 지체장애를 규정하고 있으나 약간의 차이를 보인다.

• 특수교육법에서 지체장애는 뇌성마비와 같이 신경계의 이상으로 인해 인지적 장애 등의 기타 장애를 수반하는 경우도 모두 포함된다.

   → 반면, 「장애인복지법」에서는 별도로 뇌병변장애라는 용어를 두어 '뇌성마

비, 외상성 뇌손상, 뇌졸중 등 뇌의 기질적 병변으로 인하여 발생한 신체적 장애로 보행이나 일상생활의 동작 등에 상당한 제약을 받는 것'으로 구분하고 있으며, 지체장애는 단순히 '주요 외부 신체 기능의 장애, 내부기관의 장애 등 신체적 장애를 가진 경우'만을 지칭한다.

▌ 현행법상 지체 및 건강장애의 정의

	용어	정의
장애인 등에 대한 특수교육법	지체장애	기능·형태상 장애를 가지고 있거나 몸통을 지탱하거나 팔다리의 움직임 등에 어려움을 겪는 신체적 조건이나 상태로 인해 교육적 성취에 어려움이 있는 사람
	건강장애	만성질환으로 인하여 3개월 이상의 장기입원 또는 통원치료 등 계속적인 의료적 지원이 필요하여 학교생활 및 학업수행에 어려움이 있는 사람
미국 장애인교육법	지체장애	교육적 성취에 부정적인 영향을 미치는 심각한 정형외과적인 손상, 선천적 기형(예: 내반족, 신체 일부의 결손), 질병에 의한 손상(예: 소아마비, 골결핵), 기타 원인에 의한 손상(예: 뇌성마비, 절단, 근육이나 힘줄을 손상시키는 골절이나 화상)을 포함한다.
	기타 건강상의 장애	심장 상태, 결핵, 류머티즘성 열병, 신장염, 천식, 겸상적혈구빈혈증, 혈우병, 간질, 납중독, 백혈병, 당뇨병 등과 같은 만성 또는 급성 건강 문제로 인해서 교육적 성취에 부정적인 영향을 미치는 것을 말한다.

• 건강장애는 미국 장애인교육법의 기타 건강상의 장애(other health impaired)와 유사한 개념으로 주로 소아암 등의 만성질환으로 인해 학업에 지장을 받는 경우로 정의된다.

→ 치료를 위해 병원에 장기 입원하거나 면역력이 회복될 때까지 학교에 가지 못하고 집에 있어야 하는 경우, 또는 학교에 다닐 때 지속적으로 별도의 건강관리(예: 혈액 투석, 당분 섭취 관리 등)가 필요한 경우 등이 해당된다.

2 지체 및 건강장애의 원인

1) 뇌성마비(cerebral palsy)

• 출생 전, 출생 시, 출생 후 뇌에 손상을 입음으로 인해서 신체 여러 부위의 마

비와 자세 및 운동능력 장애를 가져오는 것이다.

- 신생아 및 영아 시기의 뇌손상까지 포함하며 주로 만 2세 이전에 발병한다.
- 지체장애 특수학교 아동에게서 가장 높은 비율로 나타나며 인지 능력이 크게 손상되지 않은 아동들은 일반학교에 다니는 경우가 많다.
- 장애 정도에 따라 휠체어, 목발, 워커 등을 사용한다.
- 조음에 관련된 근육의 마비상태에 따라 발음이 어눌하거나 구어산출이 어려울 수 있다.
- 뇌성마비 아동은 지적 능력이 평균, 또는 그 이상이며 일부는 지적장애도 함께 보인다.
- 뇌성마비 아동의 교육을 위해서는 장애로 인해 감춰지기 쉬운 지적 능력이나 기타 수반장애(시각장애, 청각장애, 간질발작, 언어장애 등) 여부에 대해 정확히 알아보고 그에 따른 교육을 실시한다.

▌마비부위에 따른 분류

하위범주	마비 부위 및 정도
단마비	사지 중 어느 한쪽의 마비(매우 희박함)
편마비	몸 한쪽 부분의 마비(몸 한쪽의 팔과 다리 마비)
삼지마비	팔, 다리 중 세 부분만 마비
사지마비	양팔과 양다리 모두의 마비
대마비	양다리(하지) 마비(오로지 다리만 마비 → 매우 희박함)
양마비	주된 마비는 하지에 나타나고, 상지는 경도 마비
중복마비	주된 마비는 상지에 나타나고, 하지는 경도 마비

▌운동장애 유형에 따른 분류

하위범주	운동 특성
경직형 (spastic type)	• 뇌성마비의 50~60%가 해당됨 • 운동피질이나 뇌 추체로의 손상임 • 첨족 보행을 함 • 과잉 강직과 과잉 동작을 보임 • 높은 근긴장도를 가짐 • 간헐성 경련이 일어남 (=경련성) • 원시적 집단반사운동: 몸의 일부를 굽히려고 할 때 몸 전체가 굽혀지거나 일부를 펴려고 할 때 몸 전체가 펴져 버림

하위범주	운동 특성
불수의 운동형 (athetoid type)	• 뇌성마비의 20%가 해당됨 • 불필요한 과잉운동이 불수의적으로 일어남 • 근긴장의 저하
강직형 (rigid type)	• 뇌성마비의 5~10%가 해당됨 • 사지가 극도로 딱딱하고 오랜 기간 동안 고정되어 있어 움직이지 못할 수도 있음 • 경직형과 비슷한 양상을 보임 • 중증 지적장애를 동반하는 경우가 많음 • 과잉동작과 불수의적 동작이 나타나지 않음
운동실조형 (ataxic type)	• 뇌성마비의 5~10%가 해당됨 • 소뇌의 병변 • 근긴장의 저하: 균형과 평형감각, 협응운동의 결여 • 보행이 불안정하며 finger-nose test, finger-finger test가 어려움
진전형 (tremor type)	• 뇌성마비의 2~5%가 해당됨 • 뇌막염과 같은 출생 후 질환에 의해 발생 • 행동을 억제하려고 시도할 때 비자율적인 떨림 증상이 더욱 증가
혼합형 (mixed type)	• 위의 여러 유형이 함께 나타남

2) 근이영양증(muscular dystrophy)

• 근디스트로피, 진행성 근위축증이라고도 불린다.

• 시간이 흐름에 따라 병세가 악화되는 질병으로 현재까지 완치 방법이 없다.

• 근육세포 자체가 지방질로 바뀌어감에 따라 기능을 하지 못하게 되며, 이러한 현상이 심장이나 폐의 근육에까지 미치면서 사망에 이른다.

• 듀센형: 2~6세 남아에게 주로 발생하여 20대에 사망하는 근이영양증의 대표적인 유형이다.

• 베커형: 발생 시기가 듀센형보다 늦게 나타나고, 진행속도도 느리다. 증상의 심각도도 다양하게 나타난다.

최근 치료제가 개발되어 어린 영유아를 대상으로 첫 투여가 이루어지고 있으며, 향후 완치 여부나 치료제 금액 등에 대한 관심이 높다.

▌근이영양증 아동의 지도전략

구분	지도전략
신체적 발달	• 아동의 적응 능력 촉진을 위해 잔존능력을 최대한 활용할 수 있도록 격려 • 정기적으로 아동의 상태를 점검하고 지원 수준을 적절하게 조절 • 가족, 치료사, 보건교사 등의 의견을 고려하여 최상의 물리적 실제 결정 • 물리적인 지원 시 아동의 독립성을 최대한 고려 • 보행을 어렵게 할 수 있는 비만에 대해 철저한 관리 • 피곤의 수위를 조절한 보행 장려
심리·사회적 발달	• 사회복지사나 심리학자와 같은 전문가의 도움 연계 • 아동이 자신의 문제를 물을 때 직접적인 정보를 제공하지 말고 부모나 의사와의 대화 제안 • 자존감을 잃지 않도록 아동이 여전히 가치 있고 중요한 사람이라는 태도를 잊지 말아야 하며, 다른 아동들과 다른 규칙을 적용하거나 또래로부터 격리되지 않도록 유의 • 아동과 가족을 상대로 죽음에 대한 프로그램 제공
개인 자율성	• 과보호는 아동을 고립시키고 의존적으로 만들기 때문에 지양해야 함 • 책상의 높이 수정, 팔 받침대 제공 • 부드러운 연필, 사용하기 쉬운 필기도구 제공 • 쓰는 것 대신 녹음할 수 있도록 지원, 계산기 사용 허용, 시간제한적 과제물 줄이기 • 컴퓨터 접근이 용이한 보조기기의 제공

3) 이분척추(spina bifida)

• 출생 때 척추 뼈의 뒷부분이 완전히 닫히지 않은 채 태어나는 선천적 결함이다.

• 잠재이분척추, 수막염, 척수수막염 등이 있다.

• 심하지 않은 경우 수술로 치료 가능하다.

• 척수수막염: 이분척추 중 가장 심한 장애

  − 허리 밑/양 다리 마비 현상으로 대·소변의 욕구를 느끼지 못한다.

  − 상처를 입어도 피부의 통증을 느끼지 못하기 때문에 주의가 필요하다.

  − 척수의 파열로 인해 척수액이 정상적으로 배출되지 못하면 이것이 뇌에 쌓여 머리가 커지고 지적장애를 유발하며 다른 신경계적 손상을 불러온다.

4) 골 형성 부전증(osteogenesis imperfecta)

• 뼈가 약하여 다발성 골절이 발생하는 유전적 질환이다.

- 뼈가 부러지기 쉬워 이동 시 안전에 특히 유의한다.
- 걸음마를 시작할 때부터 사춘기까지 골절이 지속되다가 연령이 증가하면서 감소한다.

특징	• 골절을 수없이 반복하므로 장관골 변형이 생기기 쉽고 이는 발육부진으로 연결되어 신체가 작고 척추가 휘거나 튀어나와 있음 • 머리가 크게 보이고 턱이 앞으로 나와 있음 • 청색 각막, 난청을 수반하기도 함
고려사항	• 뼈가 약하므로 이동 시에 문이나 물건의 모서리에 부딪히지 않도록 주의 • 휠체어에서 떨어지거나 넘어지지 않도록 미리 조치를 취함 • 안아서 이동할 경우 처진 다리가 흔들리지 않도록 고정해야 함 • 골절상을 입지 않도록 주의집중하여 신체 변형의 예방에 힘써야 함

5) 경련장애(seizure disorder)

- 특정 질환을 지칭하는 것이 아니며 중추신경계의 활동이 돌발적이고 일시적이면서도 격렬하고 정기적으로 되풀이되는 것을 특성으로 하는 증상을 말한다.
- 두뇌의 전기에너지가 비정상적으로 방출될 때 일어난다.
- 의식을 잃고 통제할 수 없는 사지의 움직임이 나타난다.
- <u>약 복용으로 대부분 통제할 수 있어 생활에 큰 어려움이 없다.</u>
- 부분발작: 단순부분발작, 감각 발작, 자율신경 발작, 정신운동발작 등
- 전신발작: 부재 발작, 잭슨형 발작, 전신 긴장성-간대성 발작 등

구분	아동의 행동	대처방안	유의사항
경련시	• 갑자기 바닥에 쓰러지면서 온몸이 뻣뻣해지고 몸을 떨기 시작함 • 안색은 창백하거나 푸름	• 머리를 보호하고 편안히 누울 수 있도록 머리 밑에 부드러운 물건을 받쳐 줌 • 안경 등 깨지기 쉬운 물건, 날카롭거나 딱딱한 물체를 치움 • 옷을 느슨하게 풀어줌 • 아동을 옆으로 뉘여 입에서 침이 흘러나오게 함	• 아동의 입에 어떤 물건도 강제로 넣지 않기 • 경련 억제를 위해 아동을 흔들거나 억압하지 않음 • 또래를 안심시킴
경련후	• 경련 후 깨어났으나 기억력 상실과 정신 착란을 보이기도 함	• 아동이 완전히 깰 때까지 한 사람이 곁에서 지켜 봄	• 아동에게 음식물, 음료수를 주지 않음 • 상처 생긴 곳이 없는지 살펴봄

비상시	• 경련 후 숨을 쉬지 않음 • 발작이 계속됨	• 경련이 끝나고 1분이 지나도 숨을 쉬지 않거나 대발작이 5분 이상 지속되고 연이은 경련이 나타나면, 구급차를 불러 즉시 병원으로 후송함	• 비상 연락망 확보

6) 외상성 뇌손상(traumatic brain injury: TBI)

• 외부의 물리적 충격에 의해 후천적으로 두뇌가 손상된 것을 말한다.

• 교통사고, 학교폭력, 운동사고 등으로 많이 발생하며 최근 그 수가 증가하고 있다.

• 중도의 인지 및 언어 능력의 결함, 문제해결과 정보처리 능력의 손상, 기억력과 주의집중력뿐 아니라 판단력의 문제가 생기기도 한다.

• 충동성, 안절부절 못함, 자기인식의 부족, 사회적 관계 형성이 어려울 수도 있다.

구분	지도전략
인지적 문제	• 불필요한 자극 차단하기 • 문제풀이 양 조절하기 • 시각적인 자극 조절하기 • 밑줄 그으며 읽기 등의 수업 진행하기 • 과제, 수업내용을 적은 양으로 나누어 제시하기 • 반복 수업으로 기억력 결함 보완하기 • 쓰기과제 양식에는 일정한 단서나 요점을 표시하여 단계별로 제시하기
심리사회적 문제	〈공격성향〉 • 교사는 피로, 좌절감 등에서 오는 아동의 감정적 흥분을 파악하고 선행사건을 수정하여 더 이상 감정이 악화되거나 상승되지 않도록 함 • 아동을 안정시킬 때 사용할 말과 행동 등의 단서 연습하기 • 아동에게 감정을 조절하는 역할 모델 시연해주기 • 교사가 실수를 하고 문제해결 하는 과정을 보여 주고 아동이 그 과정에서 보조적 역할을 담당하게 함 〈자신감 상실, 우울, 자기 비판적 성향〉 • 성취 가능한 수준의 과제 제시 • 아동이 지닌 학습상의 장점 부각 • 무관심한 아동에게 선택적 과제를 제시하되 그 아동에게 매우 매력적인 것으로 제공하고, 덜 선호하는 과제를 완성하였을 때는 보상 제공 • 지속적인 우울감이나 위축은 전문가에게 의뢰

	〈통제력 부족, 사회적 기술 결여〉
	• 구조화된 활동을 통해 또래와 작업할 수 있는 과제를 준비하여 통제력을 습득, 유지할 수 있도록 함
	• 구조화된 일상생활 계획 등을 훈련하여 자기조절력 촉진
	• 교실 환경 적응을 위한 도움을 제공하여 사회적 행동 촉진

7) 소아암

- 일반적인 형태는 백혈병으로 소아암의 1/3을 차지한다.
  - → 뇌종양, 악성림프종, 교감신경계 종양인 신경모세포종, 신장종양인 윌름스 종양 등
- 최근 의학의 발달로 인해 완치율이 증가하고 있다.
- 치료과정에서 인지·사회정서 및 행동에서의 문제가 장기적, 단기적으로 발생할 수 있다.
  - → 수량적 기술, 소근육 운동, 시각과 운동의 협응 등에 어려움을 보인다.

지도전략
• 홍역을 앓고 있는 아동이 있다면 암에 걸린 아동의 부모에게 사전에 연락하고, 아동이 등교했을 경우 그 아동과 접촉하지 않도록 해준다. 혹시라도 암에 걸린 아동이 수두나 홍역을 앓고 있는 아동과 접촉한 경우에는 빨리 부모에게 알려 미리 혹시 모를 위험에 예방할 수 있도록 한다.
• 학교생활 중에 면역력이 약한 아동의 감염을 예방하기 위해 공동 컵을 사용하거나 생수를 마시지 않도록 하고, 별도의 개인 컵과 끓인 물을 가지고 다니도록 한다.
• 급식의 경우 균형 잡힌 식사는 투병할 수 있는 체력의 기반이 되기 때문에 일반적인 학교 급식을 해도 괜찮다.
• 백혈구의 수치가 낮아 별도의 식이요법을 할 경우에는, 가정에서 준비해온 식사와 간식 등에 대해 다른 아동들이 잘 이해할 수 있도록 알려준다.
• 식사하기 전에는 반드시 손을 씻고 먹도록 항상 주의를 준다.
• 수업활동 시 힘든 운동을 제외하고, 과격하게 신체적으로 부딪히는 운동은 피한다.

8) 신장장애

- 신체 내 노폐물을 제거해 적절한 수분과 전해질을 보유할 수 있도록 조절하는 기관인 신장의 기능 이상으로 발생하는 장애로, 일상생활에 어려움을 가진다.
  - → 장기간 신장 기능을 대신하는 치료가 필수적이다.

• 만성신부전증

  → 영구적인 신장 기능 손상으로 인해 투석이나 신장 이식이 필요하다.

지도전략
• 정서적 적응을 위해 교사는 아동의 감정을 잘 표현하도록 도와주는 것이 중요하다. • 피곤하지 않도록 활동량을 조절해야 하므로 정상 교과를 모두 수행하는 것은 어렵다. • 적당한 운동은 신장병에 도움이 되므로 무조건 배제하기보다는 체육시간에 아동의 상태를 고려하여 적절하게 참여할 수 있도록 도와준다. • 투석으로 인해 커진 혈관 때문에 반팔 옷을 기피하는 경우도 있으므로, 아동이 긴팔 교복을 입고자 할 경우 이에 대한 배려가 필요하다. • 신장장애가 있는 아동은 자신의 병에 대해 교사나 친구들과 편안하게 이야기하게 될 때 학교생활에 더 잘 적응하게 된다. • 질병으로 인한 한계를 아동 스스로 인식하고 학교에서 언제 도움을 요청할 수 있는지에 대해 배울 수 있도록 한다. • 학업 결손에 대한 부담과 걱정이 많으므로 이에 대한 적절한 지원이 필요하다.

3 지체 및 건강장애 아동의 특성

1) 지능 및 학업 성취

• 교사는 지체장애가 있더라도 다른 <u>수반되는</u> 장애(시각장애, 청각장애, 지적장애 등)가 없다면 정상, 또는 그 이상의 우수한 지적 능력을 보이는 경우가 많음을 인식한다.

  → 수반되는 장애가 있을 경우에는 정보를 받아들이고 처리하는 데 어려움이 따를 수 있다.

• 건강장애 아동의 경우 수술이나 병원치료로 인한 학습 결손이 많기 때문에 지능이 정상이고 학습 동기가 높아도 학업 수행에 부정적인 영향을 미치게 된다.

2) 사회-정서적 특성

• 지체 및 건강상의 어려움은 성장기 아동의 정서 발달에 큰 영향을 미친다.

  → 수술, 입원 등으로 인한 심한 고통과 잦은 병원 치료 등은 아동의 성격이

나 학교생활에 부정적인 영향을 미칠 수 있다.

- 학습된 무기력(learned helplessness)이라 불리는 수동적인 양상을 보이기도 한다.
- 후천적 기능장애 아동은 상실감이 매우 크기 때문에 각별히 신경 쓴다.
  → 장애로 인해 변해버린 생활에 적응하는 과정에서 스트레스를 경험하게 된다.
- 소아암, 신장장애 아동은 치료 부작용(탈모, 체중증가, 성장부진)으로 인한 정서적 어려움을 겪기도 한다.
  → 사회적 기준과 동떨어진 외모로 인한 스트레스를 받기도 한다.
- 만성질환으로 인해 병원 치료를 오랫동안 받았던 아동에 대한 교사의 지나친 과잉보호 또는 지나치게 낮은 기대 등은 오히려 정서적 어려움을 겪게 할 수 있다.

3) 신체 운동적 특성

- 장애의 정도가 심하고 범위가 다양하여 장애 자체로 인한 의료적 문제 외에도 교육 및 재활 측면에서 고려해야 할 사항이 많다.
- 교사는 운동 기능과 자세유지의 문제에 관심을 가진다.
- 근육의 협응이 어렵고 비정상적인 운동패턴의 영향을 받으며, 특정 근육이 마비 또는 위축되거나 신체 일부를 상실하는 경우 학업수행이나 이동성에 있어 어려움을 겪는다.
- 신경근육계의 이상으로 전형적인 운동 발달이 어렵다.
  → 운동 발달 속도가 매우 느리거나, 특정 발달 단계에서 더 이상 발달이 이루어지지 않을 수도 있다.

4 지체 및 건강장애 아동 교육지원

1) 통합교육을 위한 일반적 지침

- 아동에 대한 여러 가지 교육관련 정보를 수집한다.
- 학급의 다른 아동에게 지체 및 건강장애 아동의 장애에 대해 알아야 할 사항

에 대해 교수한다.

→ 사전에 지체 및 건강장애 아동의 동의를 먼저 구한다.

- 무조건 활동에서 빼주거나 잘못을 해도 눈감아주는 것은 바람직하지 않다.
- 아동의 교육적 필요는 각 아동의 장애 정도와 유형에 따라 매우 다양하므로 개별적 접근이 필요하다.

2) 통합교육을 위한 정보 수집과 교수환경 수정

(1) 정보수집

- 학업수행에 영향을 미칠 수 있는 요인들에 대한 기초적 정보를 수집한다.
  - 예상되는 인지능력 정도
  - 구어를 사용하여 의사소통할 수 있는 능력 정도
  - 신체의 장애 부위
  - 학교생활에 대한 예후
  - 이동 능력 정도
  - 일반학급에서 알아야 할 유의사항
- 교사가 아동의 신체적, 교육적 필요에 맞는 교육 프로그램을 작성하고 교실의 물리적 환경을 수정하고자 할 때 기본적인 자료가 될 수 있다.

영역	수집해야 할 정보의 내용
의학적 필요	• 주요 장애 외에 발작이나 당뇨 등의 추가적인 문제를 보이는가? • 시각이나 청각의 사용에 문제가 있는가? • 약을 복용하는가? 한다면 어느 정도의 양을 얼마나 자주 복용하는가? • 학교에 있는 동안 약을 복용해야 하는가? • 복용하는 약의 부작용은 어떤 것이 있는가? • 발작, 인슐린 쇼크 등의 응급상태가 생기면 어떤 절차를 취해야 하는가? • 아동의 활동이 어떤 형태로 제한을 받는가?
통학/이동	• 어떻게 통학할 것인가? • 등교 시 자동차에서 내려 휠체어로 이동하는 데 도움이 필요한가? • 학교 건물이나 교실 내에서 이동할 때 특별한 조치가 필요한가? • 휠체어에서 다른 의자나 교실 바닥으로 옮길 때 유의할 사항이나 아동이 선호하는 방법이 있는가? • 어느 정도의 도움을 필요로 하는가? 　→ 무조건 모든 것을 도와주기보다는 가능한 한 스스로 할 수 있도록, 필요로 하는 도움의 정도를 파악한다.

영역	수집해야 할 정보의 내용
의사소통	• 말이나 언어사용에 문제가 있는가? • 글씨를 쓰거나 타이핑을 할 수 있는가? 할 수 있다면 어떤 방법으로 하는가? • 말로 의사소통을 할 수 없다면 어떤 방법을 사용하는가? • 보완대체의사소통도구가 사용될 것인가? 그렇다면 아동이나 교사가 꼭 알아야 할 사항은 무엇인가? • 자신의 요구사항을 교사에게 어떤 방법으로 알릴 수 있는가? • 교사가 알아야 할 다른 기자재가 있는가?
자기관리	• 식사나 화장실 사용 등의 신변처리에 어떤 도움이 필요한가? 누가 도와줄 것인가? • 어떤 기자재를 사용하는가? (예: 특별한 급식판, 수저)
자세잡기	• 어떤 자세잡기 보조기구를 사용하는가? (예: 받침대, 하지보조기) • 쉴 때, 수업할 때, 화장실에서, 식사할 때에는 각기 어떤 자세가 가장 좋은가? • 교사가 알아야 할 다른 기자재가 있는가?
교육적 필요	• 아동의 강점과 약점은 무엇인가? • 신체장애로 인해 학교에서의 성취가 어느 정도 영향을 받는가? • 학급 환경이 어떻게 수정되어야 하는가? • 어떤 기자재를 구비해야 하는가? • 어떤 관련서비스가 제공되어야 하는가?

(2) 교수환경의 수정

• 지체장애 아동은 보행이 불편한 경우가 많으므로 학교 건물의 구조가 이동하기에 어려움이 없는지 확인한다.

　→ 건축물상의 장애물을 제거하고 좀 더 편리한 보조 시설물을 설치한다.

　→ 교실 내에서 휠체어, 목발을 이용하는 아동이 다닐 수 있는 공간을 확보한다.

• 지체장애 아동이 칠판, 책장, 사물함 등을 사용하는 데 어려움이 없는지 확인한다.

　→ 특히 책상과 의자는 학습에 있어서 능률상의 문제뿐 아니라 자세 교정에도 중요한 역할을 한다.

• 지체장애 아동을 교육할 때 교사는 사물이나 도구의 위치 바꾸어 주기, 책상의 표면 수정해 주기, 사용하기 쉽게 물건을 수정해 주기 등 교수환경의 수정에 항상 신경 쓴다.

　→ 아동의 필요에 따라 달라질 수 있다.

영역	교수환경의 수정
대상물체 고정시키기	• 물건의 바닥을 테이블에 고정하기 • 물건에 벨크로나 테이프를 붙여 책상 표면에 고정하기 • 물건 밑에 접착력을 가진 종이나 미끄러지지 않는 재질 사용하기 • 책상 위에 클립보드를 붙인 뒤 사용하기 • 논슬립 매트 사용하기
경계만들기	• 움직이는 놀잇감/교재를 사용할 경우 끈을 매어 놓아서 다시 당겨올 수 있게 하기 • 낮은 높이의 테두리가 있는 상자 안에 놀잇감/교재를 넣어주기 • 책상이나 휠체어 트레이의 가장자리에 경계선 만들어 주기
잡기 보조도구 사용하기	• 필기구에 고무 등을 덧끼우기 • 손가락에 필기구가 고정될 수 있도록 고안된 보조대 사용하기
조작을 돕는 도구 사용하기	• 쉽게 잡을 수 있도록 잡는 부분을 크게 하기 • 밀기가 수월하도록 물건의 부분을 확대하고 넓히기 • 표면을 넓히기 위해 손잡이 등을 붙이기(보조 장치) • 움직임의 범위를 확장하기 위해 물건에 더 긴 손잡이 붙이기 • 크레용이나 다른 막대기형 물건을 잡도록 긴 집게 등을 사용하기 • 놀잇감/교재를 들어 올리거나 잡을 수 있도록 벨크로를 붙인 장갑을 끼워주기 • 놀잇감 자동차, 블록과 같이 금속 소재를 들어 올릴 수 있게 장갑의 손바닥이나 손가락에 작은 자석 부착하기 • 물건을 잡기가 수월하도록 물건을 더 크게 만들기

3) 학습자세의 중요성

- 물리치료 및 작업치료는 대부분의 지체장애 아동에게 필수적이며, 특히 조기에 치료를 받을수록 그 효과가 높다.
  - → 우리나라 현행 특수교육법에서는 특수교육대상자에게 특수교육지원센터에서 물리치료와 작업치료 등 치료지원을 제공할 것을 명시하고 있다.
  - → 주로 학교 밖에서 치료서비스를 받을 수 있는 바우처를 제공하거나, 방과 후 활동을 통한 치료지원 또는 특수교육지원센터 순회치료사로부터의 치료지원이 이루어지고 있다.
- 적절한 자세를 잡아주고 유지하도록 도와주는 것은 지체장애 아동의 효과적인 교육을 위한 필수조건이다.
  - → 학습을 할 수 있도록 보조기구 등을 이용하여 좋은 자세를 잡아준다.
- 여러 가지 자세잡기 방법을 사용하여도 앉기 자세를 취하기 어렵거나 장시간

이를 유지하기가 어려운 아동의 경우에는 대안적 자세를 취해 주어야 한다.
→ 대안적 자세가 필요한 경우에는 주로 스스로 자신의 자세를 바꿀 능력이
  없는 아동이므로 혈액순환 및 관절, 근육의 무리 등을 고려하여 적어도
  2~3시간마다 자세를 바꿔 주어야 한다.

4) 컴퓨터 보조공학의 활용

- 공학기술은 지체장애 아동의 교육은 물론 여가와 레크리에이션 활동을 돕고,
  또래와의 의사소통 기회 및 상호작용을 촉진하고, 정보수집 및 접근을 가능하
  게 한다.
- 보조공학 기기란 장애아동의 기능을 증진, 유지, 향상시키기 위해 구입하거나,
  수정 또는 주문제작한 아이템이나 장비, 생산시스템을 의미한다.
- 보조공학 서비스란 보조공학 장치를 선택, 구입, 사용함에 있어 장애아동을
  직접적으로 돕는 진단, 처방, 훈련 및 사후관리와 같은 서비스를 의미한다.
- 지체장애 아동의 학습과 생활을 도울 수 있는 보조공학 기자재의 사용 기능별
  분류는 다음과 같다.
  ① 학업 및 교과활동(쓰기, 읽기, 수학): 소프트웨어 프로그램, 컴퓨터 기기,
    주변장치(스위치, 마우스스틱), 대안적인 입력장치 등
  ② 일상생활활동: 일상생활훈련 보조도구(식사, 옷 입기 보조도구 등)
  ③ 환경과의 상호작용: 편의시설, 환경 조절장치 등
  ④ 의사소통: 보완대체 의사소통 도구, 컴퓨터 접근 도구, 음성인식기, 음성합
    성기 등
  ⑤ 자세잡기와 다루기: 일상생활의 자세 유지, 앉기, 서기, 걷기, 호흡과도 관
    련(어깨 가슴 벨트, 방석, 허리 벨트, 다리 분리대 등)
  ⑥ 보장구와 보철: 신체기능 개선 보장구, 자세잡기 보장구, 브레이스, 신체
    각 부분을 대신할 수 있는 보철 등
  ⑦ 이동성: 수동 휠체어, 전동 휠체어, 스트롤러, 스쿠터, 리프트를 이용한 안
    전한 이동, 보조운전, 위치파악시스템 등
  ⑧ 여가 및 레저: 외발 스키, 스포츠용 휠체어 등

⑨ 시각 및 청각: 광학, 전자식 확대경, 망원경, 확대도서, 폐쇄회로텔레비전, 컴퓨터 주변기기, 보청기, 인공와우, 청각장애인을 위한 알람기구 등
• 일반학급에서 사용될 수 있는 공학 도구로는 간단한 도구 사용이나 대체자판, 터치스크린, 각종 스위치 등 아동의 요구에 따라 다양한 것들이 사용될 수 있다.

5) 의사소통

• 대부분의 지체장애 아동은 교사나 친구의 말을 듣고 이해하거나 책을 읽고 이해하는 능력에는 문제가 없으나, 자신의 의견을 말로 표현하거나 글로 써서 표현하는 데 어려움이 있는 경우 의사소통하는 데 문제를 가진다.
• 말과 글을 통해 독립적인 의사표현을 할 수 없는 사람의 자기 표현능력을 증진시키기 위해 제스처나 발성, 얼굴표정, 머리 끄덕임, 지적하기 등의 비언어적인 방법을 교수한다. 또한 그림, 사진 낱말판 등의 의사소통판과 컴퓨터 보조기구를 활용한 보완대체의사소통방법을 사용할 수도 있다.
• 의사소통지도 시 유의점
  - 바람직한 언어모델의 제공
  - 수용적인 학습 환경의 조성
  - 발달수준 및 기능적인 기준에 근거한 교수목표 설정
  - 자연적인 환경에서의 기능성 강조
  - 다른 사람과의 상호적 의사소통활동 촉진
  - 의사소통 대상자의 교육을 통한 아동의 표현력 증진

• 보완대체의사소통의 성공적 활용을 위해서는 개별 아동의 신체적, 언어적, 인지적 수준을 고려해 적합한 어휘와 상징, 보조도구를 만들어 주는 것이 중요하다.

(1) 말하기에 어려움이 있는 아동

① 신호체계를 사용한다.
② 말하는 데 필요한 시간을 충분히 준다.

③ 의사소통이 중단되는 때를 파악하고 대처한다.

④ 다른 아동에게도 의사소통하는 법을 가르쳐 준다.

– 의사소통 환경에 맞는 어휘와 그림상징을 활용한 의사소통판이나 도구 활용

– 필요한 내용을 녹음하여 간단히 재생할 수 있는 의사소통 도구 활용

(2) 쓰기에 어려움이 있는 아동

① 간단한 보조보구(연필 끼우개 등)를 사용한다.

② 컴퓨터를 활용한 쓰기 활동을 독려한다.

6) 이동성

• 이동성이란 아동이 독립적으로 움직일 수 있는 능력을 말한다.

→ 아동이 자유롭게 움직이기 위해서는 휠체어, 목발 등 아동이 사용하는 기구가 통과할 수 있을 만큼의 여유 있는 교실 공간은 물론, 출입문이나 복도의 폭도 충분하게 확보되어야 한다.

최근에는 공공기관에서의 편의시설에 관한 법(예: 장애인·노인·임산부 등의 편의증진보장에 관한 법률)과 장애인차별금지에 대한 법(예: 장애인차별금지 및 권리구제 등에 관한 법률)도 제정되어, 장애아동의 교육권과 이동권에 대한 인식이 점차 확산되고 있다.

CHAPTER 05

지적장애 아동

지적장애 아동의 일상생활 적응 능력은 장애의 정도와 성장 과정, 그리고 어떤 지원과 교육을 받았는지에 따라 매우 다르게 나타난다. 최근 지적장애인 개인의 능력뿐만 아니라 주변에서 도와주는 여러 가지 형태의 지원에 대한 고려도 지적 장애를 정의하는 데 영향을 주는 것으로 보고되고 있다. 이와 같은 맥락에서 지적장애 아동의 통합교육이 어느 때보다도 활발하게 추진되고 있다.

지적장애 아동도 어릴 때부터 일반아동과 함께 교육받고 생활하면 인지적 능력과 더불어 자신의 나이에 맞는 적응행동을 충분히 익힐 수 있다. 통합교육의 주요 목적 중 하나는 지적장애 아동이 주변 환경을 적절히 이용할 줄 아는 성인으로 성장하는 것이다. 따라서 학습한 내용의 일반화가 어려운 지적장애 아동일수록 분리된 환경에서의 교육보다는 장차 성인이 되어 생활할 일반 사회와 유사한 일반학급에서 일반아동과 함께 배우는 교육이 더 효과적이다.

1 지적장애의 정의

- 지적장애(Intellectual disability)란 18세 이전에 시작되는 발달장애로, 평균보다도 심각하게 낮은 지적기능과 개념적·사회적·실제적 적응기술로 표현되는 적응행동에 심각한 제한이 따라 독립적인 일상생활이 어려운 상태를 말하며 정신지체(Mental retardation)라고도 한다.
  → 2016년 2월 3일 우리나라 「장애인 등에 대한 특수교육」의 일부 개정으로 그동안 사용되어 온 '정신지체'라는 용어가 '지적장애'로 변경되었다.

- 지적기능은 학습, 추론, 문제해결 등의 전반적인 지적능력을 말한다.
- 적용행동은 일상생활에서 배우고 행하는 개념적(돈, 시간, 수 개념), 사회적(대인 관계 기술, 사회적 역할 수행, 자존감, 법이나 규칙을 지키고 따르기, 타인에게 이용당하지 않기), 실행 기술(일상적인 자기관리, 작업 기술, 건강관리, 계획 세우기, 통신기기 사용) 등을 말한다.
  → 지적장애를 정의하기 위해서는 지적기능뿐만 아니라 적용행동을 기준으로 한다. 미국정신지체협회(AAMD: American Association on Mental Deficiency)의 1961년 정의에서 '성숙, 학습, 사회적 적응'이 하나의 포괄적인 새로운 개념인 '적용행동'으로 제시되기 시작한 이후 이러한 이중기준이 지적장애를 정의하기 위해 지속적으로 사용되고 있다.

▌우리나라 현행법상 정의

장애인 등에 대한 특수교육법	지적기능과 적응행동상의 어려움이 함께 존재하여 교육적 성취에 어려움이 있는 사람
장애인복지법	지능지수가 70 이하인 사람으로서 교육을 통한 사회적·직업적 재활이 가능한 사람
발달장애인법	정신발육이 항구적으로 지체되어 지적능력의 발달이 불충분하거나 불완전하고 자신의 일을 처리하는 것과 사회생활에 적응하는 것이 상당히 곤란한 사람

▌미국 AAIDD의 정의

미국지적장애 및 발달장애협회(2010) (AAIDD: American Association on Intellectual and Developmental Disabilities)
지적장애란 지적 기능성과 개념적·사회적·실제적 적응기술로 표현되는 적응행동 영역에서 유의하게 제한성을 보이는 것이다. 이 장애는 18세 이전에 시작되며, 이러한 정의를 적용하기 위해서는 다음과 같은 가정들이 반드시 전제되어야만 한다. ① 개인이 현재 나타내고 있는 기능상의 제한성은 그 개인의 동년배와 문화에 전형적인 지역사회 환경 맥락 안에서 반드시 고려되어야 한다. ② 타당한 진단평가를 위해서는 개인의 의사소통 능력, 감각, 운동, 행동요인에서의 차이뿐만 아니라 문화적 및 언어적 다양성까지도 고려되어야 한다. ③ 개인이 보이고 있는 특정 능력에서의 제한성은 그것이 전부가 아니라 다른 강점과 함께 있을 수 있다. ④ 개인의 제한성을 기술하는 주된 목적은 개인에게 필요한 지원이 무엇인지 그 윤곽을 파악하기 위함이다. ⑤ 개별화된 적절한 지원이 장기간 주어지면, 지적장애인의 생활기능성은 일반적으로 향상될 것이다.

1) 지적능력에 대한 제한성

- 지적능력(지능: intelligence)은 단순히 학습 기술이나 시험을 잘 볼 수 있게 하는 능력을 의미하지 않는다. 지능이란 자신을 둘러싼 환경과 사건을 이해하고, 무엇을 해야 할지를 판단해 낼 수 있는 보다 광범위한 능력을 의미한다.
- AAIDD에서 '평균보다도 심각하게 낮은 지능 수준'이란 대략 평균으로부터 2 표준편차 이하를 의미하며, 사용된 특정 검사도구의 측정 표준오차와 평가도구의 강점 및 제한점을 고려해야 한다.

▌ 정상분포곡선에서의 IQ점수의 이론적 분포

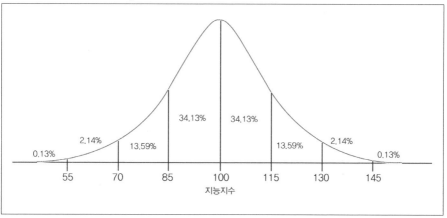

- 우리나라에서 많이 사용되는 지능검사도구로는 인물화에 의한 간편 검사, 한국 웩슬러 아동 지능 검사, 한국 웩슬러 유아 지능 검사, 한국판 그림 지능 검사, K-ABC, KISE 한국형 개인 지능 검사 등이 있다.

2) 적응행동에서의 제한성

- 적응행동(adaptive behavior)이란 환경에 효율적으로 대처할 수 있는 능력을 말한다. 즉, 본인이 소속된 사회적 집단 속에서 어느 정도 독립적으로 일상생활을 유지하며 주위 환경에서 요구하고 있는 기대에 어느 정도 부응할 수 있는지를 나타낸다. AAIDD에서는 적응행동을 세 가지 유형으로 제시한다.

유형	내 용
개념적 적응기술	언어와 문해기술, 금전·시간·수에 대한 개념, 자기지시 등
사회적 적응기술	대인기술, 사회적 책임감, 자긍심, 속기 쉬움, 순진성, 사회적 문제해결, 규칙 및 법률 준수, 희생으로부터의 모면 등
실제적 적응기술	일상생활 활동, 직업기술, 금전 사용, 건강과 안전, 여행/대중교통 이용, 일과계획, 전화사용 등

- 적응행동상의 심각한 제한성이란 지적장애를 포함하여 비장애인을 규준으로 한 표준화된 적응행동검사에서 ① 세 가지 적응행동 유형인 개념적·사회적·실제적 적응행동 중 하나의 영역 점수가, 혹은 ② 이 세 가지 영역의 기술들에 대한 전반적 점수가 평균보다 대략 2표준편차 이하의 점수를 보이는 상태를 뜻한다.

- 우리나라에서 많이 사용되는 적응행동검사도구로는 사회성숙도 검사, 적응행동검사, 지역사회적응검사, KISE 적응행동검사 등이 있다.

3) 지적장애의 분류

- 심리측정적 접근 : 지능에 대한 연구가 활발해지고 지능검사가 유행함에 따라, 검사에 의해 측정되고 지수 점수로 표현될 수 있는 지적 기능성이 강조되었다. 이를 근거로 지적장애를 정의하였고, 지능지수의 수준에 따라 분류하기 시작했다.

분류	IQ범위	성인일 경우 정신연령	장애인복지법	지원의 강도에 따른 분류
경도	IQ 50~55에서 70	8~12세	3급	간헐적 지원
중등도	IQ 35~40에서 50~55	6~9세	2급	제한적 지원
중도	IQ 20~25에서 35~40	3~6세	1급	확장적 지원
최중도	IQ 20~25 미만	3세 미만		전반적 지원

- 과거 장애인복지법에서는 IQ와 적응 능력을 토대로 지적장애를 판정하며 3등급으로 분류하였다. 1급은 일상생활이 불가능하고 다른 사람의 도움이 필요한 상태이고, 2급은 일상생활 중 단순한 행동은 가능하나 특수한 기술을 요하는 직업을 갖기에는 적절치 않은 상태이다. 상대적으로 심각도가 가장 가벼운 3

급은 교육을 받을 경우 사회생활 및 직업생활이 가능한 상태이다. 그러나 2019년 7월부터 장애등급이 폐지되고 장애정도로 시행되면서 지적장애는 중증(장애정도가 심한 장애)이라는 단일 기준을 사용한다.

- AAIDD의 분류체계에서는 지적장애인의 지능수준보다는 개인의 강점에 초점을 두고, 요구되는 다음과 같은 지원 강도에 따른 유형을 제시하였다.
  - 간헐적 지원: 필요할 때나 위기 상황에서 일시적으로 제공되는 지원
  - 제한적 지원: 제한된 일정 시간 동안 일관성 있게 제공되는 지원
  - 확장적 지원: 몇몇 환경에서 정기적으로 제공되는 지원
  - 전반적 지원: 항구성을 가지는 고강도의 지원을 지속적으로 거의 모든 환경에 걸쳐 제공되는 지원
- 지원 요구에 대한 평가는 개인의 일상생활에서의 전형적인 수행과 관련되어 있지만 적응행동에 대한 평가와는 다르다.
  - → 적응행동 평가에서는 특정 적응기술과 관련하여 개인이 나타내는 현재의 숙련도가 평가되지만, 지원 요구 평가에서는 그 개인이 일상생활에 참여하기 위해 필요한 지원의 강도와 유형이 무엇인지가 평가된다.

2 지적장애의 원인

- 지적장애의 원인에 대한 이해가 중요한 이유는 다음과 같다.
  - 지적장애인의 신체적인 기능과 심리적인 기능에 영향을 줄 수 있는 건강과 관련된 다른 다양한 요인들과의 연관성에 대해 생각해 볼 수 있기 때문이다.
  - 모든 지적장애인의 원인이 그런 것은 아니지만, 어떤 원인은 예방할 수 있고 적절한 접근을 통해 지적장애를 최소화하거나 예방할 수 있기 때문이다.
  - 행동표현으로 나타나는 원인의 경우 실제적, 잠재적 또는 미래를 위해 필요한 기능적 지원 요구를 예측할 수 있기 때문이다.
- 최근에는 지적장애의 원인을 생의학적 요인, 사회적 요인, 행동적 요인, 교육적 요인 등 네 가지 범주의 위험요인으로 구분하고 있다.

→ 약 50% 이상의 지적장애인이 한 가지 이상의 요인을 가지고 있는 것으로
   보고된다.

▌ 출생시기별 지적장애의 원인이 되는 위험요인

구분	생의학적 요인	사회적 요인	행동적 요인	교육적 요인

출생 전	• 염색체 이상
	• 단일유전자 이상
	• 증후군
	• 대뇌 이상
	• 모체 질병
	• 부모의 나이
		• 빈곤
		• 산모 영양결핍
		• 가정폭력
		• 부모관리 부족
			• 부모의 음주, 흡연,
			  약물 남용
			• 부모의 미성숙
				• 지원을 받지 못한
				  지적장애 부모
				• 부모가 될 준비의
				  결여

출생 시	• 미숙아
	• 출생 시 상해
	• 신생아 이상
		• 출생 시 관리결여	• 부모의 보호거부	• 퇴원 시 중재 서비
				  스에 대한 의료적
				  지식 및 정보의
				  부족

출생 후	• 외상성 뇌손상 • 영양실조 • 뇌수막염 • 발작장애 • 퇴행성 장애	• 잘못된 보호자 • 적절한 자극 결여 • 가족의 빈곤 • 가족의 만성 질병 • 시설 수용	• 아동학대와 유기 • 가정폭력 • 부적절한 안전수단 • 사회적 박탈 • 까다로운 아동행동	• 잘못된 육아방법 • 진단의 지연 • 부적절한 조기교육 • 부적절한 특수교육 • 부적절한 가족지원

1) 생의학적 요인

• 염색체 우성·열성 관련 장애: 결절경화증, 신경섬유종증, 갈락토오스혈증, 후
  를러증후군, 단풍나무시럽병, 타이삭스병, 레쉬-니한증후군, 약체 X증후군,
  페닐케톤뇨증, 레트증후군 등
• 염색체 수 관련 장애: 다운증후군, 에드워드 증후군, 파타우 증후군, 클라인펠
  터 증후군, 터너 증후군, 5염색체 X증후군 등
• 염색체 구조 관련 장애: 울프-허쉬호른 증후군, 묘성증후군, 윌리엄스 증후군,
  제이콥스 증후군, 프라더 윌리 증후군, 안젤만 증후군 등

2) 사회적 요인

• 지적장애를 초래할 수 있는 사회적 위험 요인은 아동 발달에 영향을 줄 수 있
  는 자극과 상호작용의 질을 좌우하는 여건에서 초래하는 요인들을 말한다.

→ 출생 전 빈곤한 상태나 산모의 영양실조, 산모가 겪고 있는 가정폭력, 출생 전·후 출산과 관련된 관리를 적절하게 받지 못한 채 진행되는 출생 경험, 출생 후 빈곤하거나 적절한 자극이 부족한 가족환경 등

3) 행동적 요인

• 행동적 위험 요인은 당사자뿐만 아니라 부모의 부적절한 행동으로 인해 야기될 수 있는 잠재적인 위험요인들이다.

→ 출생 전 부모의 약물 복용이나 음주, 흡연과 같은 행동, 산전관리에 도움이 안 되는 미성숙한 행동들, 출산 전후에 나타나는 부모의 육아 거부 행위, 출생 후 부모의 아동 학대나 가정폭력, 부적절한 안전 조치, 사회로부터 아동을 격리하는 행위, 아동의 다루기 힘든 행동 등

4) 교육적 요인

• 교육적 위험 요인은 지적 능력과 적절한 적응기술을 발달시킬 수 있는 정보 제공 및 교육 지원의 부재로 인해 야기 될 수 있는 위험요인들이다.

→ 출산 전에 임신 및 출산과 관련한 지원을 전혀 받지 못한 지적장애를 가진 부모의 상태, 부모로서의 준비가 덜 된 상태, 출산 전후에 필요한 중재를 위한 의료적인 의뢰를 하지 못한 상태, 출생 후 부모의 양육기술이 부족하거나 조기중재 서비스나 특수교육, 가족 지원 등이 적절하게 제공되지 못한 경우 등

3 지적장애 아동의 특성

• 지적장애는 제한된 시간동안에만 나타나는 장애가 아니다. 물론 지적장애 아동은 교육을 통해 적응행동기술에 있어서 많은 진보를 보일 수 있다. 하지만 대부분의 경우에는 일생에 걸쳐서 영향을 받는다.

• 경도(mild): 많은 수가 학교에 입학하거나 또는 어려운 교과학습이 요구되는

초등학교 2학년이나 3학년이 될 때까지도 판별되지 않는 경우가 많다. 이러한 경도 지적장애 아동들은 약 6학년 교과과정 수준까지 배울 수도 있으며, 직업이나 일상생활기술에서 독립적이거나 최소한의 도움을 받아 반독립적으로 살아갈 수도 있다.

- 중등도(moderate): 학령기 이전부터 발달상의 지체를 보인다. 지적장애 아동이 성장할수록 같은 연령의 일반아동과 비교했을 때 지적발달 및 적응행동 발달에서 보이는 차이는 일반적으로 더욱 커지게 된다. 중등도 지적장애 아동은 경도 지적장애 아동보다 신체장애를 동반하거나 행동문제를 훨씬 더 많이 보이는 경향이 있다.

- 중도와 최중도(severe and profound): 거의 대부분 출생 당시, 혹은 출생한 직후에 바로 판별이 된다. 이러한 중도 및 최중도 지적장애 아동들은 대부분 중추신경체계의 결함이 있으며, 많은 경우 다른 장애나 건강상의 문제가 동반된다. 따라서 기능 수준이 매우 낮아 일상생활에서 누군가의 계속적인 돌봄이 필요하다.

> 지적장애 아동의 75~90%는 경도지적장애로 기본적인 학습능력을 가지고 있으며, 사회성이나 자조기술을 적절하게 교육한다면 독립적으로 살 수 있는 능력이 충분히 있다. 따라서 적절한 학습의 기회를 제공하는 것이 매우 중요하다.

1) 인지기능과 학습특성

(1) 주의집중

- 지적장애 아동은 주어진 과제에 주의를 기울이지 못하고 엉뚱한 곳에 주의를 기울이는 경우가 많으며, 주의집중 시간도 일반아동들과 비교했을 때 매우 짧다.
  → 주의집중의 어려움은 새로운 지식과 기술을 습득하고, 기억하고, 일반화하는 데 부정적인 영향을 미친다.
- 주의집중을 위한 효과적인 교수방법은 중요한 학습자극을 분명하게 제시하는 것과 함께 아동의 주의를 흩뜨리는 부적절한 자극을 체계적으로 조정하는 것

이다.

→ 먼저 과제를 단순화하고 그 과제의 주요한 특징에 대해 아동이 주의집중할 수 있도록 유도하면서 바른 반응에 대해서는 즉시 강화를 제공한다. 어느 정도 변화가 보일 때 점차적으로 복잡하고 어려운 과제로 심화시켜 나간다.

→ 지적장애 아동이 적절한 자극을 선택하고 지속적으로 주의를 집중하는 능력은 이러한 과제를 성공적으로 수행하는 잦은 경험을 통해 향상시킬 수 있다.

(2) 기억

• 지적장애 아동은 정보를 기억하는 데 어려움을 겪으며, 일반적으로 인지결함이 심할수록 기억결함도 심하다. 지적장애 아동은 작동기억(working memory)뿐만 아니라 단기기억(short-term memory)에서도 제한성을 보인다.

  – 작동기억: 다른 과제를 수행하는 동안에도 한 가지 정보를 기억하는 능력

  – 단기기억: 몇 초 전의 정도에서부터 한두 시간 전의 정보를 회상하고 사용하는 능력

  – 장기기억: 수용능력의 제한 없이 영속적으로 저장된 정보를 재생하고 활용하는 능력

• 정보를 자동적으로 회상하는 데 있어서 또래 일반아동들보다 더 많은 시간이 걸리며, 이로 인하여 한 번에 많은 양의 인지적 정보를 다루는 데 어려움을 보인다.

• 장기기억(long-term memory)은 단기기억에 비해 덜 손상된 것으로 보는 견해가 많다.

→ 단기기억에서 장기기억으로 옮겨 저장할 수 있도록 반복 학습과 여러 가지 기억증진 프로그램을 사용한다.

→ 시연이나 새로운 정보를 이전의 관련 정보와 조직화하는 전략 교수를 활용하면 기억과 관련된 과제나 문제해결 과제에서 수행능력을 향상시킬 수 있다.

(3) 학습동기

- '학습된 무기력(learned helplessness)'으로 인해 학습과 문제해결 과제에 흥미나 관심을 보이지 않는 아동들이 있다.
  - → 학습된 무기력: 학습에서 실패를 계속 경험한 아동이 자신의 노력에 관계 없이 다른 과제에서도 실패할 것이라고 생각하는 상태
- 반복되는 실패를 회피하고 싶거나 실패를 최소화하기 위해서 스스로 자기 자신에 대해 매우 낮은 기대를 보이고 열심히 하지 않는 경향이 있다.
  - → 이러한 낮은 동기는 지적장애의 선천적인 특성이라기보다는 계속되는 실패의 결과 또는 외부의존성에 기인한 것일 수 있음
- 어려운 문제나 과제를 만났을 때, 학습된 무기력에 빠진 지적장애 아동은 과제를 빨리 포기하거나 다른 것으로 관심을 돌리거나 또는 도움을 줄 수 있는 사람에게 의존하려고 한다.
  - → 외부의존성(outer-directedness): 당면한 문제나 과제에 대해 자신의 반응을 신뢰하지 않고 다른 사람이 도와주거나 해결해주는 것에 의존하는 것
- 지적장애 아동에게 학습에 대한 책임감을 갖게 하는 것은 자기결정(self-determination)능력 증진에 중요한 요소가 될 뿐 아니라, 일반 통합학급에서의 교육활동에 적극적인 역할을 할 수 있게 한다.

(4) 학습속도

- 지적장애 아동은 새로운 지식이나 기술 습득에 있어 또래 일반아동에 비해 학습속도가 매우 느리다. 따라서 교사는 지적장애 아동의 학습속도에 맞추어 교수도 느리게 진행되어야 함을 인식하고 교육에 임해야 한다.
  - → 예를 들어 두 가지 형태의 도형을 구별하는 과제에 있어서 또래 일반아동은 피드백을 받아 두세 번 정도의 시행을 통해 습득할 수 있다면, 지적장애 아동은 과제를 습득하는 데 20~30번의 학습시행이 필요할 수도 있다는 것을 인식한다.

학습속도 측정에 가장 많이 사용되는 것

: 학습기준에 도달하는 데 걸리는 학습시행 횟수

→ 지적장애 아동이 타인의 조력이나 도움을 받지 않고 학습과제에 정확하게 반응하게
되기까지 걸린 연습의 수나 학습시행의 수

(5) 적응행동

- 지적장애 아동은 실제적인 적응행동상의 제한성을 가지고 있다.
  → 제한성은 여러 가지 기능 영역에 걸쳐서 다양한 형태로 나타날 수 있다.
- 신변처리기술이나 사회적 관계, 행동에서의 제한성은 지적장애 아동의 일반적
  인 특성이다.
- 크고 작은 지원이 요구되는 대부분의 지적장애 아동은 일반적으로 의복이나
  음식, 개인위생 등과 같은 기본적인 신변처리기술(자조기술)을 배워야 한다.
  → 이러한 기술의 결함이 아동의 삶의 질에 심각한 영향을 미치는 것을 막기
  위해서는 교사의 직접교수나 교육적인 지원(예; 조력을 제공하거나 과제를 단
  순화하는 것 등)이 필요하다.

2) 언어적 특성

- 대부분의 지적장애 아동은 전형적인 언어 발달의 단계를 따르나 발달 속도가
  또래 일반아동들에 비해 지체되는 경향이 있다.
- 거의 모든 지적장애 아동에게서 언어 발달의 지체나 비정상적인 발달 패턴이
  보고된다.
  → 말소리를 정확하게 발음하지 못하는 조음의 문제, 낮은 수용/표현 언어의
  문제 등
- 언어 발달이 심하게 지체되거나 구어가 아예 발달하지 않아 말소리를 이용한 의
  사소통이 전혀 되지 않는 경우에는 보완대체의사소통 체계(AAC: Augmentative
  and Alternative Communication)를 사용하기도 한다.
- 언어를 통해 자기표현과 주변 환경의 통제를 충분히 할 수 없을 때는 문제행

동으로 표출되기도 하므로 이에 대한 적절한 지원이 반드시 필요하다.

3) 사회 정서적 특성

- 행복함, 슬픔, 화남, 두려움 등과 같은 정서를 나타내는 얼굴 표정을 인식하는 정서적 인식능력이나 다른 사람과의 정서를 공유하는 정서적 반응에 어려움을 지니고 있는 경우가 많다.
- 다른 사람과 어떻게 상호작용해야 하는지에 대한 구체적인 방법을 몰라 또래 친구를 사귀지 못하는 경우가 많다.
- 자신이 또래 친구들과 다르다는 것을 인식할 경우 빈약한 자아개념을 형성하게 되고 결국 사회성 발달에도 부정적인 영향을 미치게 된다.
  → 따라서 <u>어렸을 때부터 일반아동과 함께 어울려 지내고, 긍정적인 상호작용을 할 수 있는 기회를 제공</u>해 주어 지적장애 아동의 사회성 발달을 도와야 한다.
- 통합환경은 지적장애 아동이 대화 시작하기, 차례 지키기 등의 다양한 사회성 기술을 연습하고 습득할 수 있도록 도와주며, 또래 일반아동들이 지적장애 아동에 대해 올바른 인식을 가지도록 하는 데에 도움이 된다.
  → 이를 위해서는 교사의 구조화된 중재가 필수다.

4 지적장애 아동 교육지원

1) 통합교육을 위한 일반적 지침

- 지적장애 아동의 통합교육에 있어서 교사의 역할과 태도는 매우 중요하다.
  - 열린 마음을 가지고 장애아동을 내 학급의 학생으로 생각하는 책임의식을 가져야 한다.
  - 특수교사와 함께 문제를 해결하도록 노력해야 한다.
  - 지적장애 아동이 학급과 학교에 소속감을 갖도록 돕는다.
  - 장애아동의 특성을 빨리 파악하는 것이 중요하다.
- 지적장애 아동이 교실에 오기 전에 먼저 교사는 또래 일반아동들을 대상으로

적절한 오리엔테이션을 실시하여 지적장애 아동을 학급의 구성원으로 받아들일 수 있도록 한다.

→ 모의 장애체험, 장애인 초청, 특수학급 견학 등의 활동을 계획한다.

• 지적장애 아동이 학급에 들어온 후에는 또래와의 상호작용을 유도한다.

→ 또래교수, 협력학습 등의 환경조성을 통해 참여 기회를 높인다.

지적장애 아동은 일반교육과정 이외에 장애 정도와 특성에 따라 기능적 학업교과를 학습하거나 일반적인 학습준비기술의 습득에 중점을 두기도 한다.

2) 교과교육과정

• 모든 지적장애 아동들도 일반아동들과 마찬가지로 읽기, 쓰기, 수학과 같은 기본적인 교과기술을 배워야 한다.

→ 일반 교과교육은 지적장애 아동들이 따라가기 어렵다는 교사의 편견으로 인해 지적장애 아동이 현재와 미래에 성공적으로 생활하는 데 필요한 기술들을 배울 수 있는 기회를 제한하지 않도록 주의한다.

전통적인 교과기술이 지적장애 아동의 일상생활과 관련이 있는 기능적인 교육이 될 수 없다는 잘못된 가정을 하지 않도록 항상 조심해야 한다.

• 교과교육만을 전적으로 가르치는 것은 지적장애 아동에게는 제한적이고 효과적이지 못한 교육이 될 수가 있으므로 기능적인 교과의 교육목표를 세우는 것이 필요하다.

• 기능적인 교과의 교육목표를 선택하는 것은 생각보다 쉽지 않다. 한 아동에게는 가장 유용한 쓰기 활동(예: 구매할 식품 목록 쓰기)이 다른 아동에게는 기능적인 쓰기기술이 아닐 수도 있다(예: 일터에서 포장한 품목의 수를 쓰는 것).

• 교사는 반드시 각 아동이 생활하는 상황을 주의 깊게 평가하여 중요한 기술이나 많이 사용해야 하는 기술들을 찾아내야 한다. 또한 앞으로 지적장애 아동이 살아갈 환경에서 필요한 기술도 함께 고려해야 한다.

▌기능적 연습활동의 예

학업기술	기능적 연습활동
읽기	• 건물이나 지역사회에서 흔히 볼 수 있는 표지판 해독 　(남, 여, 정지, 진입금지, 위험 등) • 성인 혹은 아동용 신문이나 잡지 읽기 • 패스트푸드점이나 일반음식점의 메뉴 읽기 • 학급 시간표나 기차나 지하철 시간표 보기 • 영화상영 시간표나 TV채널 방영 시간표 보기 • 마트 상품전단지나 지역신문의 구인광고 읽기 • 완구 조립이나 신청서 작성을 위한 설명문 읽기 • 음식, 약, 옷 등의 라벨 읽기
쓰기	• 쇼핑 목록, 해야 할 일의 목록 작성하기 • 친구나 가족에게 메모 남기기 • 초대장, 친구에게 편지 쓰기 • 주문서 양식을 이용하여 물건 주문하기 • 다른 사람을 위해 전화내용 메모하기
수학	• 물건 구입하기 • 용돈 예산 세우기 • 물건 값 비교하기 • 저금하기(통장 관리하기) • 음식 준비하기 • 측정도구 이용하기(예: 온도계, 체중계, 키 재기) • 시계 보기, 달력 보기, 시간 계산하기

3) 기능적 교육과정

• 지적장애 아동이 학교나 가정, 지역사회와 미래의 일터에서 자립적인 생활과
　자기관리뿐만 아니라 건강하고 행복한 삶을 영위하기 위해서 기능적 교육과정
　은 반드시 필요하다.

• 교사는 특수교사와 협력하여 지적장애 아동에게 세탁기 사용하기, 대중교통 이
　용하기, 마트 쇼핑하기, 현금지급기 사용하기, 식당에서 음식 주문하기, 여가
　활용하기 등과 같은 광범위한 실제적인 기술을 가르쳐야 한다.

• 교사들은 어느 구체적인 지식이나 기술이 기능적인가를 결정할 때, 다음과 같
　은 질문에 답을 해보면 된다.

　① 이 지식이나 기술을 배우는 것이 아동이 가정이나 학교 또는 지역사회에
　　서 자립적이고 성공적인 생활을 하는 데 도움이 되는가?

　② 이 지식이나 기술을 배우지 못하게 되면 아동은 부정적인 결과를 얻게 되

는가?

<u>어떤 기술이 기능적인 교육내용인지를 결정하는 가장 궁극적인 방법</u>

　→ 지적장애 아동의 관점에서 이 질문을 생각해보는 것
　　"내가 21세가 되었을 때 이것이 필요한가?"

• 지적장애 아동을 위한 교육과정임에도 불구하고 향후 지적장애 아동의 자립이나 삶의 질 향상과 같은 궁극적인 결과와 연결시키는 데 실패한다면 '수년 동안 의미 있는 학습을 위한 귀중한 기회와 시간을 허비하는 것'임을 교사는 항상 명심해야 한다.

4) 자기결정기술

• 자기결정(self-determination)이란 어떻게 선택하는지를 알고 있고, 자신이 원하는 것이 무엇인지, 그것을 어떻게 얻을 수 있는지에 대해 아는 것이다.
• 자기결정기술을 가지고 있는 학습자는 개인적인 목적을 설정하고, 목적에 따른 활동계획을 세워 실행하고, 자신의 수행결과를 평가하고, 성취하려는 목표에 맞추어 그것을 수정하는 일련의 과정을 스스로 할 수 있다.
　→ 개인의 존재를 주장하기, 자신의 요구 알리기, 수행에 맞추기, 문제를 해결하기 위해 구체적인 접근하기 등이 포함된다.
• 최근 지적장애 아동들도 <u>자기지시, 자기점검, 선행단서 활용, 자기평가 등과 같은 기술을 배우게 되면 자기조절 행동이나 자기주도 학습이 가능하다는</u> 연구 결과들이 보고되고 있다.
　→ 자기결정기술을 배우게 되면 개별화교육프로그램(IEP: Individualized Education Plan)의 목표를 훨씬 더 잘 성취할 수 있게 되며, 학교에서 성인생활로 나아가는 전환을 성공적으로 더 잘할 수 있다.

5) 교수방법

(1) 교사주도 교수방법

- 과제분석(task analysis)이란 복잡하거나 여러 단계로 이루어진 목표행동을 쉽게 가르칠 수 있도록 하위과제로 나누는 것이다. 즉, 주어진 과제를 수행하기 위해서 우선적으로 갖추어야 할 선행기술이 무엇인지 먼저 분석하고, 해당 과제를 구성하고 있는 각각의 하위 단계를 분석하여 순차적으로 교수하는 방법이다.
- 모델링(modeling)은 교사가 직접 과제를 수행하는 것을 보여 주는 방법이다. 교사가 여러 번 시범을 보인 후 아동이 따라 하게 한다. 교사가 시범을 보인 기술을 아동이 모방하고 숙달되게 하기 위해서는 연습을 많이 시켜야 하며, 강화와 피드백을 많이 제공해야 한다. 모델링은 눈에 보이는 행동만을 대상으로 하지는 않는다. 과제를 할 때의 사고과정을 소리 내어 말해 줌으로써 인지적 모델링을 해 줄 수도 있다.

▌인지적 모델링

단계	읽기 중 모르는 단어의 뜻을 추측하기 위한 인지적 모델링
1단계	문장에서 모르는 단어를 읽는다.
2단계	그 문장의 다른 단어들을 이용해서 모르는 단어의 뜻을 알아낼 수 있는지 본다.
3단계	아는 지식으로 그 단어의 뜻을 추측해 본다.
4단계	계속 읽는다.
5단계	2단계와 3단계를 반복한다.
6단계	새로운 뜻을 추측해 본다.
7단계	새로운 뜻이 맞는지 원래 문장에 대입해 본다.

(2) 아동주도 교수방법

- 아동의 독립성을 증진시키기 위한 교수방법에는 자기점검, 자기교수, 자기강화와 같은 자기조절 기술을 사용하도록 교수하는 방법들이 있다. 이 중 자기점검과 자기강화는 이미 알고 있는 행동의 빈도를 높이고자 할 때에 많이 사용된다.
- 자기점검법은 자신의 행동을 기록하게 함으로써 자기 행동에 대한 인식을 높여 스스로 통제하도록 하는 방법이다.

- 자기강화법은 미리 약속된 기준에 따라 스스로에게 행동의 결과를 제공하는 것이다.
- 자기교수법은 스스로 과제수행단계를 말하면서 과제를 하도록 하는 것으로서 아직 완전히 숙달되지 않은 과제를 가르칠 때 효과적이다.

(3) 또래주도 교수방법

- 학급의 인원 수가 많고 이질적인 학생들로 구성되어 있을 때 지적장애 아동이 필요로 하는 추가적인 연습과 개인적인 도움을 제공하기 위해 또래 일반아동을 활용하는 방법이다.
- 또래주도 교수방법의 대표적인 방법은 또래를 교수자로 사용하는 방법이다.
  → 같은 학급 내의 친구가 또래교수자가 되는 경우도 있고, 상급학년 아동이 또래교수자의 역할을 할 수도 있다(멘토-멘티).
- 사전에 충분히 계획해서 실행하는 또래교수 방법은 또래교수자와 또래학습자 모두에게 학업적, 사회적, 행동적으로 유익한 영향을 주는 것으로 보고되고 있다.
  → 또래교수자는 새로운 것을 가르치기 보다는, 배운 것을 복습시키거나 연습하는 것을 도와주고 피드백과 강화를 주는 역할로 활용한다.
- 또래교수 방법을 효과적으로 운영하기 위해서는 교사의 면밀한 사전 계획이 필수다.
- 다양한 능력의 아동이 소그룹으로 모여 학습하는 협력학습 방법도 통합된 지적장애 아동을 위한 또래주도의 교수방법으로 많이 활용되고 있다.

(4) 컴퓨터 및 디지털 자료 활용

- 최근 인터넷망과 모바일 디바이스의 보편화는 장애아동을 위한 교육적 접근에 있어 보다 다양한 시도를 이끌었다. 소셜 네트워크(SNS; Social Network Services/Sites), 블로그, YouTube 같은 동영상 공유 서비스 등과 같은 디지털 자원을 활용하는 교육은 내용의 다양성이라는 장점뿐 아니라, 생활연령에 적합하고 사회적 공감대를 이룰 수 있는 자료를 사용한다는 면에서 지적장애 아동의 사회통합을 촉진시킬 수 있는 방법으로 기대되고 있다.

- 간단한 연산 연습, 어휘 학습 등에 컴퓨터 보조학습을 활용하도록 개발된 반복연습형 소프트웨어나 시각, 청각 등 다중 감각을 활용하고 경험 학습을 할 수 있게 해 주는 소프트웨어 프로그램도 많이 사용되고 있다.
  - → 장점: 대부분 즉각적이고 적절한 피드백을 제공하여 지적장애 아동의 주의 집중 및 동기유발에 효과적이며, 능동적 학습을 유도할 수 있어 효과적이다.
  - → 고려해야 할 점: 지적장애 아동들의 인지적 수준에 적절한 난이도를 지니면서도 생활연령에 적합한 내용으로 구성된 프로그램을 사용한다.
- 덜 구조화된 디지털 자원의 활용
  - → 블로그를 활용한 쓰기 교육, 인터넷 동영상을 활용한 수학교육, 웹 검색을 이용한 단어 및 어휘 교수, 이메일을 활용한 영어 교수 등이 있다.
- 디지털 게임과 가상현실(Virtual Reality)·증강현실(Aggmented Reality) 테크놀로지
  - → 최근 지적장애 아동의 학업뿐 아니라 일상생활 교육, 안전 교육, 직업 교육 등에서도 그 가능성이 연구되고 있다.

(5) 일반화와 유지

- 일반화(generalization)와 유지(maintenance)는 아동이 새롭게 학습한 기술을 다른 환경에서나 시간이 지난 뒤에도 수행하는 것을 말한다.
- 일반아동은 특별한 교육 없이도 교실에서 습득한 지식이나 기술을 다른 장소나 환경에 쉽게 적용하며 시간이 흘러도 계속 사용하는 반면, 지적장애 아동은 이러한 학습의 일반화나 전이에서 제한점을 보인다.
  - → 따라서 지적장애 아동을 위한 학습의 일반화와 유지를 향상시키는 전략과 방법을 찾는 것은 새로운 과제를 가르치는 일 못지않게 매우 중요하다.

▌일반화와 유지를 향상시키기 위한 전략

■ 모든 자극 조건과 반응 요구를 고려하여 가르친다.

새로운 기술을 가르칠 때 그 기술이 사용될 수 있는 모든 환경과 상황을 전부 고려하여 가르치는 것은 사실상 불가능하다. 따라서 교사는 가르치는 기술과 관련하여 교실과 다른 환경에서 발생할 수 있는 가능한 상황을 모두 고려한 기술의 예들을 잘 선택하여 가르치는 것이 필요하다.

예를 들면 아동이 후에 지역사회 식당에서 일할 때에 필요한 기술을 배우기 위한 첫 단계로 학교 식당에서 식탁 치우는 기술을 배운다고 가정해보자. 우선 아동은 다양한 상황에 있는 식탁을 구별할 수 있어야 한다. 즉, 비어있는 식탁, 사람이 식사 중인 식탁, 사람은 없지만 음식이 접시에 있고 소지품이 남아 있는 식탁 등을 구별할 수 있어야 한다.

■ 교수환경을 일반화 환경과 유사하게 만든다.

예 1) 아동이 구매기술을 연습해볼 수 있도록 교실을 지역사회의 상점과 비슷하게 꾸며서 교수하는 것도 일반화를 위한 좋은 방법이다.

예 2) 패스트푸드 식당에서 음식을 주문하는 기술을 배울 수 있도록 교실에서 모의상황을 만들고 작은 카드에 있는 음식사진을 손가락으로 가리키는 것을 보여주면서 주문하는 법을 배우게 된 아동은 실제 지역사회 식당에서 혼자서 주문을 할 때 음식사진이 있는 그 작은 카드를 사용할 수 있을 것이다.

■ 자연적으로 발생하는 후속결과인 강화를 최대한 많이 경험하게 한다.

일반화와 유지를 증가시키는 모든 전략에서 가장 기본적이고 중요한 전략은 아동이 새로 습득한 기술을 사용하여 일상생활(예: 일반교실, 운동장, 지역사회, 여가장소나 직업 환경 등)에서 자연적으로 강화를 받을 수 있는 가능성을 높이는 것이다. 이것은 다음과 같은 두 가지 방안으로 할 수 있다.

첫째, 일상생활 환경에서 필요하고 중요하게 여겨지는 기능적인 기술을 가르치는 것이고, 둘째, 아동이 자연적인 일상생활 환경에서 강화를 받을 수 있을 만큼 새로 학습한 기술을 정확하고 유창하게 수행할 수 있도록 가르치는 것이다.

CHAPTER 06

자폐성장애 아동

1943년에 자폐라는 장애가 처음 소개된 이래 상당히 오랜 시간 동안 자폐는 장애가 '있다/없다'로 양분되는 것으로 인식되어 왔으나, 최근 자폐는 명확하게 구분되는 장애이기보다는 '자폐적 성향(autistic propensity)'의 연속선으로 이해되기 시작하면서 자폐성장애(ASD: autistic spectrum disorder)로 불리고 있다. 이는 자폐와 함께 나타나는 다양하고 폭넓은 증상들로 인하여 일반적인 결함과 자폐만의 독특한 결함을 구분하기 어려운 현실을 반영한 것이라고 할 수 있다. 그러나 여전히 이 장애에 대해 알려진 바는 거의 없는 상태이며, 이 수수께끼 같은 아동기 장애로 자폐아동의 가족들은 매우 힘든 시간을 보내고 있다.

1 자폐성장애의 정의

1) 자폐성장애의 정의

• 자폐성장애는 자폐라고도 불리며, 3세 전에 나타나는 발달장애로 알려져 있다.
• 자폐는 사회적 상호작용의 결함, 의사소통 발달에 있어서의 질적인 결함, 그리고 제한적이고 반복적이며 상동적인 관심 및 행동을 보이는 장애이다.
• 미국의 정신질환 진단 및 통계 편람(DSM: The Diagnostic and Statistical Manual of Mental Disorders) 4판에서는 어떤 특정 결함에서 보다는 발달 전반에 걸친 장해로 발생하는 전반적 발달장애라는 진단명을 사용했었다.

→ 이 전반적 발달장애를 5개의 유형으로 구분했었는데, 이후의 후속연구에서 이들을 따로 구분하는 것이 임상적으로 큰 의미가 없다는 결론에 따라 가장 최근 5판(2013)에서는 통합하여 자폐성장애(ASD: autistic spectrum disorder)라는 용어를 사용한다.

▍ 자폐성장애의 현행법상 정의

장애인 등에 대한 특수교육법	사회적 상호작용과 의사소통에 결함이 있고, 제한적이고 반복적인 관심과 활동을 보임으로써 교육적 성취 및 일상생활 적응에 도움이 필요한 사람을 의미한다.
발달장애인법	소아기 자폐증, 비전형적 자폐증에 따른 언어 · 신체표현 · 자기조절 · 사회적응기능 및 능력의 장애로 인하여 일상생활이나 사회생활에 상당한 제약을 받아 다른 사람의 도움이 필요한 사람을 의미한다.
장애인복지법	제 10차 국제질병사인분류(International Classification of Disease, 10th Version)의 진단기준에 따른 전반성발달장애(자폐증)로 정상발달의 단계가 나타나지 않고, 기능 및 능력 장애로 일상생활이나 사회생활에 간헐적인 도움이 필요한 사람
미국장애인교육법	자폐는 일반적으로 3세 이전에 나타나 구어 및 비구어 의사소통과 사회적 상호작용에 심각한 영향을 미침으로써 아동의 교육적 성취에 부정적인 영향을 미치는 발달장애를 의미한다. 자폐와 자주 관련되는 기타 특성은 반복적인 활동 및 상동적인 움직임, 환경적인 변화나 일과의 변화에 대한 저항, 감각적 경험에 대한 비전형적인 반응 등이 있다. 이 용어는 아동의 교육적 성취에 부정적인 영향을 미치는 주요 원인이 정서장애인 경우에는 해당되지 않는다. 3세 이후에 자폐의 특성을 보이는 아동도 앞에서 서술한 진단 기준에 해당된다면 '자폐'를 지닌 것으로 진단될 수 있다.

※ 발달장애인법: 대한민국의 장애인 관련 법률 중 하나로 2014년 5월 20일에 제정된 발달장애인의 권리보장과 지원을 규정한 법이다.

2) 자폐성장애의 진단기준

DSM-5에서는 다음의 진단기준을 만족시켜야 자폐성장애라는 진단을 내린다.

1. 다양한 분야에 걸쳐 나타나는 사회적 의사소통 및 사회적 상호작용의 지속적인 결함
   a. 사회적-감정적인 상호성의 결함 (예: 비정상적인 사회적 접근과 정상적인 대화의 실패, 흥미나 감정 공유의 감소, 사회적 상호작용의 시작 및 반응의 실패)

b. 사회적 상호작용을 위한 비언어적인 의사소통 행동의 결함 (예: 언어적·비언어적 의사소통의 불완전한 통합, 비정상적인 눈 맞춤과 몸짓 언어, 몸짓의 이해와 사용의 결함, 얼굴 표정과 비언어적 의사소통의 전반적 결핍)

c. 관계 발전, 유지 및 관계에 대한 이해의 결함 (예: 다양한 사회적 상황에 적합한 적응적 행동의 어려움, 상상 놀이를 공유하거나 친구 사귀기가 어려움, 동료들에 대한 관심 결여)

2. 제한적이고 반복적인 행동이나 흥미, 활동이 다음 항목들 중 적어도 2가지 이상 나타남

a. 상동증적이거나 반복적인 운동성 동작, 물건 사용 또는 말하기 (예: 단순 운동 상동증, 장난감 정렬하기, 또는 물체 튕기기, 반향어, 특이한 문구 사용)

b. 동일성에 대한 고집, 일상적인 것에 대한 융통성 없는 집착, 또는 의례적인 언어나 비언어적 행동 양상(예: 작은 변화에 대한 극심한 고통, 변화의 어려움, 완고한 사고방식, 의례적인 인사, 같은 길로만 다니기, 매일 같은 음식 먹기)

c. 강도나 초점에 있어서 비정상적으로 극도로 제한되고 고정된 흥미 (예: 특이한 물체에 대한 강한 애착 또는 집착, 과도하게 국한되거나 고집스러운 흥미)

d. 감각 정보에 대한 과잉 또는 과소 반응, 또는 환경의 감각 영역에 대한 특이한 관심 (예: 통증/온도에 대한 명백한 무관심, 특정 소리 혹은 감촉에 대한 부정적 반응, 과도한 냄새 맡기 또는 물체 만지기, 빛이나 움직임에 대한 시각적 매료)

3. 증상은 반드시 초기 발달 시기부터 나타나야 한다(그러나 사회적 요구가 개인의 제한된 능력을 넘어서기 전까지는 증상이 완전히 나타나지 않을 수 있고, 나중에는 학습된 전략에 의해 증상이 감춰질 수 있다).

4. 이러한 증상은 사회적, 직업적 또는 다른 중요한 현재의 기능 영역에서 임상적으로 뚜렷한 손상을 초래한다.

5. 이러한 장애는 지적장애 또는 전반적 발달지연으로 더 잘 설명되지 않는다. 지적장애와 자폐스펙트럼장애는 자주 동반된다. 자폐스펙트럼장애와 지적장애를 함께 진단하기 위해서는 사회적 의사소통이 전반적인 발달수준에 기대되는 것보다 저하되어야 한다.

※ 주의점: DSM-IV의 진단기준상 자폐증, 아스퍼거 증후군 또는 달리 분류되지 않는 전반적 발달장애로 진단된 경우에는 자폐스펙트럼장애의 진단이 내려져야 한다. 사회적 의사소통에 뚜렷한 결함이 있으나 자폐스펙트럼장애의 다른 진단 항목을 만족하지 않는 경우에는 사회적(실용적) 의사소통장애로 평가해야 한다.

• 자폐성장애로 분류되는 모든 장애의 특성

① 사회적 의사소통의 결핍

② 행동, 관심, 활동의 반복적이고도 상동적인 양상

→ 위의 두 가지 측면에서 다양한 정도의 손상을 보이는 것을 특성으로 한다.

• 자폐성장애 선별 및 진단도구

– 18~24개월 유아 선별도구: The Checklist for Autism in Toddlers

(K-CHAT)
- 24~35개월 유아 선별도구: Screening Tool for Autism in Two-year-olds(STAT)
- 자폐진단면담: Autism Diagnostic Interview, Revised(ADI-R)
- 자폐증 진단관찰척도: Autism Diagnostic Observation Schedule-2 (ADOS-2)
- 아동기 자폐평정척도: Childhood Autism Rating Scale(K-CARS-2)
- 한국 자폐증진단검사: Korean-Autism Diagnostic Scale(K-ADS)

3) 자폐성장애의 분류

(1) DSM-IV-TR에서의 분류

▌ DSM-IV-TR(2000)에서의 분류

장애 유형	정의
자폐증	생애 초기 발생, 빈약한 사회적 발달, 언어 발달의 결함, 융통성 없는 행동으로 특징지어지는 심각한 발달장애
아스퍼거 증후군	사회적 상호작용과 제한적이고 반복적인 양상의 행동, 관심, 활동에서 나타나는 지속적이고 때로는 일생 동안 보이는 결함
레트장애	생후 1년 정도의 전형적인 발달을 보인 후 지적장애 및 경련장애와 함께 행동, 언어, 의도적인 손 움직임으로 특징지어지는, 거의 여아에게서만 나타나는 유전적 결함(DSM-5에선 제외)
소아기 붕괴성 장애	3세부터 15세까지의 아동에게서 전형적으로 나타나며, 언어, 사회성, 운동기술, 용변기술 등에서 급격한 퇴보를 보이는 희귀 장애
달리 분류되지 않는 전반적 발달장애	자폐증과 아스퍼거 증후군을 지닌 아동과 유사하지만 장애 진단상 유의한 측면에서 서로 다른(예: 발생 시기) 아동을 묘사하기 위하여 사용되는 모호한 용어

이 중 대표적인 유형 두 가지만 소개하면 다음과 같다.

① 자폐증(캐너증후군)

• '자폐' 또는 '전형적 자폐'로 생애 초기에 발생하는 사회성 및 의사소통에 있어서의 결함과 융통성 없는 행동을 특성으로 한다.

• 생후 3년 이내에 나타나는 복잡한 발달장애로 두뇌의 정상적인 기능과 사회적

상호작용 및 의사소통 기술 영역에 영향을 미치는 장애이다.

- 구어 및 비구어 의사소통, 사회적 상호작용, 여가나 놀이 활동에서의 어려움을 보인다.
  - → 그러나 각 개인마다 다르게 다양한 정도로 영향을 미친다는 사실을 인지해야 한다.
- 타인과의 의사소통이나 외부 세상과의 관계 형성이 어렵다.
- 공격적이거나 자해적인 행동, 반복적인 신체 움직임(예: 손 흔들기, 상체 흔들기), 사람에 대한 비전형적인 반응이나 사물에 대한 애착, 일과 변화에 대한 저항 등의 행동적 특성이 나타나기도 한다.

② 아스퍼거 증후군

- 1944년 오스트리아 의사였던 Hans Asperger에 의하여 처음으로 보고된 장애로, 언어 발달이 지체되지 않고 평균 또는 그 이상의 지적 기능을 보인다는 점에서 자폐증과 구분되고 있으며, 자폐 범주 내에서는 경도장애로 인식되고 있다.
- 진단되는 장애의 기준은 사회적 결함과 제한된 행동이다.
  - 특정 대상을 향한 전적인 관심 집중
  - 일방적이고도 자기중심적인 사회적 행동

(2) DSM-5에서의 분류

DSM-5에서는 자폐스펙트럼이라는 용어로 정의하면서 사회적 의사소통 및 제한적이고 반복적인 행동을 나타내는 특성의 정도에 따라 심각도 수준을 3단계로 구분하여 제시하고 있다.

▌ DSM-5(2013)에서의 분류

심각도 수준	사회적 의사소통	제한적/반복적 행동
수준 3 매우 상당한 수준의 도움을 필요로 함	• 언어적 및 비언어적 사회적 의사소통 기술에 심각한 결함이 있고, 이로 인해 심각한 기능상의 손상이 야기된다. • 사회적 상호작용을 맺는 데 극도로 제한적이며, 사회적 접근에 대해 최소한의 반응을 보인다. • 예를 들어, 이해할 수 있는 말이 극소수의 단어뿐인 사람으로서, 좀처럼 상호작용을 시작하지 않으며, 만일 상호작용을 하더라도 오직 필요를 충족하기 위해 이상한 방식으로 접근을 하며, 매우 직접적인 사회적 접근에만 반응한다.	• 융통성 없는 행동, 변화에 대처하는 데 극심한 어려움, 다른 제한적이고 반복적인 행동이 모든 분야에서 기능을 하는 데 뚜렷한 방해를 한다. • 집중 또는 행동 변화에 극심한 고통과 어려움이 있다.
수준 2 상당한 도움을 필요로 함	• 언어적 및 비언어적 사회적 의사소통 기술의 뚜렷한 결함, 지원을 해도 명백한 사회적 손상이 있으며, 사회적 의사소통의 시각이 제한되어 있고, 사회적 접근에 대해 감소된 혹은 비정상적인 반응을 보인다. • 예를 들어, 단순한 문장 정도만 말할 수 있는 사람으로서, 상호작용이 편협한 특정 관심사에만 제한되어 있고, 기이한 비언어적 의사소통이 뚜렷하게 나타난다.	• 융통성 없는 행동, 변화에 대처하는 데 극심한 어려움, 다른 제한적이고 반복적인 행동이 우연히 관찰한 사람도 알 수 있을 정도로 자주 나타나며, 다양한 분야의 기능을 방해한다. • 집중 또는 행동 변화에 고통과 어려움이 있다.
수준 1 도움을 필요로 함	• 지원이 없을 때에는 사회적 의사소통의 결함이 분명한 손상을 야기한다. • 사회적 상호작용을 시작하는 데 어려움이 있으며, 사회적 접근에 대한 비전형적인 반응이나 성공적이지 않은 반응을 보인다. • 사회적 상호작용에 대한 흥미가 감소된 것처럼 보일 수 있다. • 예를 들어, 완전한 문장을 말할 수 있는 사람으로서 의사소통에 참여하지만, 다른 사람들과 대화를 주고받는 데에는 실패할 수 있으며, 친구를 만들기 위한 시도가 괴상하여 대개 실패한다.	• 융통성 없는 행동이 한 가지 또는 그 이상의 분야의 기능을 확연히 방해한다. • 활동 전환이 어렵다. • 조직력과 계획력의 문제가 독립을 방해한다.

※ 우리나라에서는 2019년 7월부터 장애등급이 폐지되고 장애정도로 분류함에 따라 자폐성장애는 지적장애와 함께 중증(장애정도가 심한 장애)이라는 단일 기준으로 판정기준이 개정되었다. 자폐성장애 판정을 위해서는 전문가의 정확한 진단이 요구된다.

2 자폐성장애의 원인

- 후천적인 정서적 또는 행동주의적 요인에 의하여 발생하지 않는다.
- 자폐성장애의 원인에 대하여 수많은 요인과 가설이 난무하지만 그 원인이 현재로서는 정확히 무엇인지는 명확하게 밝혀진 것이 없다.
  - → 일반적인 견해: 생물학적인 유전적 요인, 신경학적인 신경전달물질의 불균형, 뇌기능의 구조적 이상, 다복합적인 생태학적 환경오염의 요인 등으로 서로 상호관련성에 의한 것으로 추정하고 있다.

▎자폐성장애의 다요인적인 원인

생물학적 요인	특성
선천적인 요인	• 페닐케톤뇨증, 구리대사장애, 납중독, 갑상선 기능항진증, 결정경화증 등의 대사장애 및 신체질환, 풍진, 헤르페스 뇌염 등의 감염으로 인한 뇌의 손상
신경학적인 생화학적 불균형	• 신경학적 전달물질인 세로토닌의 과다함량, 높은 수준의 생체 자연 아편 물질 생성으로 타인과의 상호작용 의지가 낮음
뇌의 구조 문제	• 대뇌 주요 기능 담당 영역인 전두엽의 이상, 좌측 뇌가 작고 우측 뇌가 크거나, 외부 정보에 대한 뇌의 기능적 반응활동 이상으로 인해 주의력 결핍 및 언어 능력, 강박적 행동 출현

3 자폐성장애 아동의 특성

1) 사회적 의사소통의 결핍

자폐성장애 아동은 사회/정서적 상호 교환성 결핍과 사회적 상호작용에 사용되는 비언어적 의사소통 행동의 결핍을 보인다.

- 영유아기에는 사회적 미소를 보이지 않거나, 성인이 놀아주려 해도 관심이 없고, 안기려는 행동을 보이지 않을 수 있다.
- 눈을 잘 못 마주치거나(어쩌다 간혹 눈맞춤을 보이기도 함), 부자연스러운 표정과 제스처 등을 보인다.
- 구어가 가능한 경우에도 말은 단조롭고, 톤이 부적절한 경우가 많으며, 자기

관심사에 대해 일방적으로 이야기하고 상대방의 반응을 고려하지 않는 특성을 보인다.

- 학령기에는 또래와 관심을 공유하지 못하고 자발적 놀이를 하는 데 어려움이 있을 수 있다. 재미있다고 생각하는 것을 보여주거나, 가져오거나, 지적하지 못하고, 혼자 놀기를 좋아한다.

  → 즐거움, 관심 또는 성취를 자발적으로 다른 사람들과 나누려고 하지 않는다.

- 부모 이외의 사람과 발달 연령에 맞는 적절한 관계를 형성하고 유지하지 못한다.
- 다양한 사회적 맥락에 맞는 적응적 행동을 하는 것이 어렵다.
- 상상놀이를 하거나 친구를 사귀는 것이 어렵다.
- 주변 사람들에게 관심이 없다.

> 이러한 일탈적인 행동 특성은 또래 관계가 두드러지기 시작하는 유아기에 이르러 보다 명백해지고 이후 학령기가 되어서도 지속된다.
> → 타인에 대한 무관심이 비구어적 의사소통의 습득을 방해한다.

2) 행동, 관심, 활동의 반복적, 상동적 양상

자폐성장애 아동은 상동화되고 반복적인 움직임을 보이기도 하며, 상태를 계속적으로 유지하려는 경향성이 나타나고 변화에 대한 강한 저항, 그리고 제한적이고 고정된 관심 등을 보인다.

- 영유아기부터 탐색행동이 제한되어 있고, 장난감이나 물체를 본래의 목적과 용도대로 가지고 놀거나 사용하지 못하고 의례적인 방식으로 가지고 논다.
- 빙글빙글 돌거나, 몸을 앞뒤로 흔들거나, 손가락을 튕기는 등의 반복적인 움직임을 보일 수 있다.
- 특수한 영역에 제한적이고 고정된 관심을 가지는 경우가 많고(예: 공룡의 이빨 개수, 야구 통계, 자동차 모델명), 고집스럽게 몰두하지만, 다른 사람과 함께 그들의 관심을 공유하는 데는 흥미를 갖지 못한다.

  → 특정일과를 반드시 따라야 하는 등 동일성에 대한 비합리적인 집착을 보인다.

- 일상생활 패턴의 사소한 변화나 전환에도 불안해하고 집착을 보인다.
  - → 예를 들면 모든 물건이 열을 맞춰 있어야 한다든지, 한 가지 종류의 옷만을 입으려 한다든지, 몇 가지 종류의 음식만을 먹으려고 고집을 부리는 등의 행동이 나타난다.
- 새로운 커튼이나 식탁의 위치 변화와 같은 사소한 환경 변화에도 심하게 놀라 문제행동을 일으킬 수도 있다.
- 자극에 대해 지나치게 과민하거나, 둔감하게 구는 등 감각자극에 대한 비전형적인 반응을 보이기도 한다.
  - 과소반응 : 대부분의 사람들이 반응하는 감각자극에 대해 둔해 보인다. 일부 아동은 고통을 느끼지 못하는 것처럼 보이기도 한다.
  - 과잉반응 : 특정 소리를 견디지 못하고, 타인과의 신체적 접촉이나 어떤 옷감에 대한 감촉을 싫어할 수 있으며, 또한 특정한 냄새나 맛이 나는 음식의 섭취를 거부할 수도 있다.

3) 말/언어

- 말을 할 줄 아는 자폐성장애 아동 중에는 반향어(echolaia)를 하는 경우가 종종 있다.
- 반향어란 일반적으로 다른 사람이 말한 단어나 문장을 의미 없이 반복하는 것을 말한다.
  - → 과거에는 반향어가 비기능적이고 언어를 이해하지 못하기 때문에 나타나는 것으로 여겨졌지만, 최근에는 반향어가 지닌 다양한 형태와 기능이 보고되고 있다.
- 일부 자폐성장애 아동들은 놀라운 어휘를 습득하지만 용이하고 적절한 방식으로 사용하지 못한다.
- 자폐성장애 아동은 언어정보를 세부적이고 문자적으로 받아들인다.
- 자폐성장애 아동은 추상적 개념, 관용어, 은어, 풍자, 유머보다는 분명한 인과관계와 명백하게 답할 수 있는 질문들을 더 쉽게 이해한다.
- 얼굴 표정, 비구어적 발성, 자세, 동작, 몸짓 등과 같은 비구어적 의사소통의

결함이 나타난다.

→ 의사소통 문제가 사회·인지적인 측면에서의 장애와 연결되어 있기 때문이다.

- 근본적으로 의사소통을 하고자 하는 의도표현 및 의사소통에 대한 이해가 없는 것처럼 보인다.

→ 최근에는 의사소통을 하고자 하는 의도는 지니고 있지만, 그 의도를 사회적으로 적절한 방법으로 표현하는 데 문제를 지닌다고 인식되고 있다.

- 독특하고도 비전형적인 방법의 의사소통 수단을 사용한다(예: 손 잡아끌기).

→ 따라서 자폐성장애 아동을 위한 말/언어 교육은 생활중심의 기능적 교육이어야 한다.

기능성 중심의 사회-의사소통 기술을 가르치기 위한 주요 원칙

- 아동의 현행 발달 수준과 기능적인 기준을 근거로 한다.
- 자연적인 상황에서의 기능적인 사회-의사소통 기술을 강조한다.
- 상대방과 균형을 이룬 상호적인 의사소통을 촉진한다.
- 상호작용 대상자를 함께 교육한다.
- 문제행동을 교정하기 위한 프로그램과 통합해서 운영한다.

---

4) 지능 및 학업 성취

- 대부분의 자폐성장애 아동은 인지 능력과 학습 능력에 많은 어려움을 나타내며 <u>새로운 학습, 기술을 습득하는 데 또래아동에 비해 더 많은 시간이 필요하다.</u>
- 지능은 매우 심한 지적장애 수준에서 우수한 능력의 수준까지 다양하다.
- 지적장애를 함께 보이는 자폐성장애 아동은 그렇지 않은 아동에 비해 학업, 일반적인 생활에 있어서 더 낮은 수행 수준을 보인다.

→ 이것은 자폐성장애로 인해 나타나는 언어 및 사회성 결함, 행동 조절의 어려움, 일과에 대한 집착 등의 특성에다가 지적장애로 인한 어려움이 가중되기 때문이다.

- 아스퍼거증후군 아동의 지능은 평균에서 평균 이상의 지능을 보이는 것으로 보고된다.

- 기계적인 암기력이 우수한 경우가 많아서 학업 성취에서도 우수한 결과를 보이기도 한다.
- 특정 관심 영역에 대한 집착이나 융통성이 없는 사고 스타일, 문제 해결력이나 조직력에서의 어려움 등의 특성으로 인해 심각한 문제를 경험하기도 한다.
- 성인과 같은 말투를 사용하고 내용은 이해하지 못하면서도 단어 회상능력이 뛰어나 진보된 어휘력을 보이는 등의 특성을 지니고 있어 장애가 가려지기도 한다.
- 자폐성장애로 진단받은 아동 중 약 10% 정도가 특정 영역에서 뛰어난 능력이나 기술을 보이기도 한다.
  → '자폐성 우수성' 또는 '서번트증후군(Savant syndrome)'

아동의 전반적인 지적능력이나 일반적인 기능과는 무관하다.
  - 기타 영역에서는 매우 낮은 수행을 보이곤 한다.
  - 교사는 우수성 증후군을 보이는 아동의 경우, 좀 더 기능적이고 유용한 기술을 교수할 수 있어야 하며, 이를 위하여 직접교수 및 집중적인 연습을 제공해야 한다.

4 자폐성장애 아동 교육지원

1) 통합교육을 위한 일반적 지침

- 자폐성장애를 지닌 아동은 <u>사회성 및 의사소통에 있어서의 결함이라는 장애의 특성 때문에라도 통합교육을 통한 접근이 더욱 강조된다.</u> 이것은 사회성이나 의사소통의 발달이 또래와의 자연스러운 경험을 통하여 습득될 수 있으며, 습득된 특정 기술도 또래와의 자연적인 상호작용 맥락에서 사용되어야하기 때문이다.
  → 자폐성장애 아동들의 원활한 학교생활을 위해 가장 필요한 것은 학교와 교사, 주위 친구들의 배려이다. 따라서 교사는 자폐성장애 아동이 학교에

서 배우고 또래 일반아동들과 어울릴 수 있도록 하는 것의 중요성을 알고, 그들의 특성을 이해하고 배려해 주어야 한다.

> 자폐성장애 아동의 성공적인 통합교육을 위한 장애 특성을 고려한 몇 가지 원칙
>
> - 장애 특성에 따라 체계적으로 계획·실행되는 개별화 통합을 전제로 해야 한다.
> - 통합 환경의 사회적 맥락과 활동이 흥미와 관심을 유발할 수 있어야 한다.
> - 통합 환경 내의 성인과 또래가 적절한 역할을 수행해야 한다.
> - 가능한 한 조기에 통합의 경험이 시작되어야 한다.

① 물리적 배치의 구조화

- 가구의 배치: 가구는 활동에 대한 기대가 분명해지도록 배치되어야 한다. 과제 영역을 구분하고 가구를 배치할 때 자폐성장애 아동들이 일반적으로 시각적 처리에 강점을 보이는 경향에 맞추어 시각적 단서를 제공하는 것이 좋다.
  → 예를 들면 유색 테이프를 이용하여 <u>시각적 경계를 만들어주거나 문자, 사진, 그림 등을 이용</u>한다면 각 영역의 기능을 이해할 수 있도록 하는데 도움이 된다.
- 물건의 배치: 교재, 교구, 자료 등 교실에서 사용되는 물건들을 조직적으로 배치해야 한다.
- 혼자만의 공간 설정: 자폐성장애 아동들이 필요한 경우 안정을 되찾거나 유지할 수 있는 혼자만의 공간을 마련해 주어야 한다. 진정영역, 이완영역, 안전영역, 쉼터 등 다양하게 불리는 이 공간은 자극수준을 낮게 유지하는 장소가 될 수 있다.

② 학업적 지원

- 학습양식 평가: 아동의 학습양식을 평가하여 어떤 유형의 학습자인지 살펴보아야 한다. 학습자의 유형은 시각적 학습자, 청각적 학습자, 운동감각적 학습자로 나눌 수 있다.
- 학습평가: 공식적인 평가와 비공식적인 평가

- 교과 내용 지도
  - 미리 보여주기: 수업 전에 수업내용에 대한 정보를 아동에게 제공하는 것을 말한다.
  - 도해조직자 활용하기: 도해조직자란 개념이나 주제의 주요 측면들을 특정 양식으로 배열함으로써 정보를 구조화하여 나타내는 시각적 표현이다.
- 과제 제시
  - 과제에 대한 지시는 명확하고 구체적이어야 한다.
  - 과제에 대한 지시는 구두로 할 수 있으나 문장이나 그림 또는 사진을 이용한 시각적 지시를 병행하는 것이 바람직하다.
  - 아동의 학습능력을 고려하여 과제를 완성할 수 있는 충분한 시간을 제공하는 것이 좋다.

③ 기타

- 정보를 시각적으로 제시해야 한다.
- 아동이 할 수 없는 것보다 할 수 있는 것에 초점을 맞추어야 한다.
- 제한된 관심 영역을 확장시켜주도록 해야 한다.
- 목소리와 표정을 풍부하게 해야 한다.
- 여러 사회적 활동에 참여할 수 있게 해야 한다.

2) 통합교육을 위한 교수전략

① 몸짓 언어

- 아동 주변에서는 최소한의 신체 동작을 사용한다.
- 아동을 향한 성인의 신체 접근성을 통제하고 최소화한다.
  - → 신체적으로 촉진하기 전에 아동에게 적절한 행위나 행동을 모델링한다.
- 아동의 주의집중(joint attention) 기술을 강화한다.

② 구두 언어

- 특정 용어나 설명을 사용한다.
- 조용하고 동일한 어조의 음성을 사용한다.
- 아동이 과제에 집중하도록 도와주는 단어를 사용한다.
- 질문 형태가 아닌 확실한 진술과 지시를 사용한다.
- 적절한 경우 아동에게 선택할 기회를 제공하는 진술을 사용한다.

③ 과제분석

- 과제를 작은 단계로 나누고 한 번에 모두 다 제시하지 않아도 된다.
- 과제를 제시하기 전에 필요하면 교수 자료를 수정한다.
- 과제를 설명하기 위해서 단순화된 지시를 사용한다.
- 적절하다고 판단되는 경우 대안적인 성과를 인정한다.
- 시각적 단서나 모델링과 같은 아동이 가장 잘 이해할 수 있는 방법으로 지시한다.

④ 전이 지원

- 전이 전, 중, 후에 아동을 도와주는 촉진을 사용한다.
- 전이가 다가온다는 사실을 알리는 체계를 사용한다.
- 전이를 분석하기 위해 수집한 데이터를 일관성 있게 사용한다.
- 사회적 상황이야기 및 파워카드의 사용을 고려한다.

⑤ 선행사건 및 후속결과 중재

- 행동에 대한 일상적인 선행사건 자료를 수집하고 중재 측정을 위하여 수집한 자료를 사용한다.
- 부적절하거나 적절한 행동에 대한 논리적이고 자연적인 후속결과와 강화를 사용한다.

⑥ 장·단기 목표의 교육과정 삽입

- 매일의 진도를 확인하기 위하여 자료 수집 용지를 사용한다.

- 장·단기 교수목표와 학급 활동 및 수업을 연계하기 위한 도표를 사용한다.
- 또래주도 지원을 지속적으로 병합시킨다.

⑦ 과제 완수 지원

- 보조를 제공할 때 처음에는 최소한의 개입적인 촉진을 사용한다.
- 아동이 시간을 끄는 경우 최소한의 신체적 촉진을 사용한다.
- 아동이 부적절한 행동이 아닌 과제에 집중하도록 도와주는 구두 촉진을 사용한다.
- 아동의 실수를 허용하고, 질문에 대한 답을 알지 못하는 경우 답을 알아내도록 끝까지 고집하지 말고 다음으로 넘어가게 한다.

⑧ 기술의 일반화

- 문제해결 기술과 기술의 일반화를 보일 때 즉각적인 강화를 사용한다.
- 과거에 학습한 상황이나 장소에서 사용한 유사한 교수를 새로운 상황이나 장소에서도 사용한다.

⑨ 독립성 증진

- 아동이 학습한 과제를 어려워할 때 무조건 촉진하기보다는 먼저 기다려주는 시간을 가진다.
- 보조원은 필요 이상으로 아동 가까이에 있어서는 안 되며 학급 전체를 위한 보조원으로 행동한다.
- 모든 행동이나 진도를 항상 칭찬하지 않는다.
- 문제해결을 위한 작은 시도라도 강화한다.
- 촉진을 소거할 때에도 수집한 자료를 이용한다.

⑩ 일관성 있는 중재

- 적절한 행동에 대한 강화 체계, 부적절한 행동에 대한 후속결과, 미리 정해둔 일과, 전이 및 일과 변경에 대한 알림, 학급 및 개인 차원의 행동 관리 체계를 따른다.

⑪ 우발교수

- 미리 계획된 학습목표와 아동의 선호도를 중심으로 학습 환경을 구성한 뒤, 아동이 특정 사물이나 활동에 관심을 보이기 시작하면 아동에게 질문하거나 촉구함으로써 그 관심을 격려하고 이 때 아동이 적절한 반응을 보이면 선호하는 물건을 준다.

3) 시각적 지원

- 시각적 지원은 아동의 기술의 독립성과 정확성을 증가시키도록 돕기 위해 시각적 단서와 촉구를 포함한 다양한 중재를 망라하고 있다. <u>시각적 활동계획표, 사회적 상황이야기, 파워카드 등은 시각적 지원을 필요로 하는 자폐성장애 아동을 위한 효율적인 전략</u>이다.

① 시각적 활동계획표

- 시각적 활동계획표는 하루 일과(수학, 읽기, 간식, 학습도움실 등) 혹은 한 과제에 대한 일련의 단계(예: 수도꼭지를 연다, 손을 적신다, 비누칠을 한다, 손을 문질러 씻는다, 물에 헹군다, 수도꼭지를 잠근다) 내에서 활동 순서를 보여주는 시각적 촉구이다.
  - → 활동계획표는 아동의 사회적 기술과 전환 관련 기술을 배우는 데에도 도움이 된다.
  - → 계획표는 집단 활동 및 게임 등에서 또래 일반아동을 포함시켜 연계할 수도 있다.

② 사회적 상황이야기(social stories)

- 자폐성장애 아동을 위한 주요 과제는 변화를 인내하도록 학습시키는 일과 사회적 상황을 다루는 관습이나 일반 규칙 내에서 사회적 상호작용 기술이나 의사소통을 언제, 어떻게, 사용하는지를 학습시키는 일이다. 자폐성장애 아동들은 '사회적 상황이야기'를 통해 사회적 상황에 대한 이해와 상대방의 입장, 그리고 그에 대한 적절한 반응을 학습할 수 있다.
- 사회적 상황이야기는 관련된 사람들의 기대행동을 포함한 사회적 상황과 내용

을 자폐성장애 아동에게 이해될 수 있는 형식으로 설명해 주는 것을 말한다.
- 어떤 사건이나 활동 전에 사회적 상황이야기를 제공하면 아동의 불안을 감소시키고 행동을 개선시킬 수 있으며, 다른 사람의 관점으로 사건을 이해하도록 도와준다.
- 사회적 상황이야기는 아동의 이해수준에 따라 작성된다.
- 문장형태는 진술문(설명문), 지시문, 관점문(조망문), 확정문, 협조문, 통제문 등 여섯 가지 형식으로 구성되고, 1인칭이나 3인칭의 관점에서 쓰이기도 한다.

> **사회적 상황이야기 전략 적용 단계**
>
> ① 1단계 - 사회적 이야기의 주제를 정한다.
> ② 2단계 - 관련 정보를 수집한다.
> ③ 3단계 - 수집된 정보를 분석하여 자폐성장애 아동이 어려움이나 문제를 보이는 상황을 선정한다.
> ④ 4단계 - 관찰을 통해 설정된 사회적 상황과 타인에 대한 인식, 아동이 어떻게 반응을 해야 하는지에 대한 상황이야기를 문장으로 구성한다.

- 보통 한 장당 한 문장으로 구성된다. 사건을 이해하는 중요한 정보가 포함된 사진이나 그림을 그리기도 한다. 연재 면화 전략(comic book conversation)은 텍스트 대신 말풍선 등의 만화적 요소를 활용한 사회적 이야기의 변형이다.
  → 장애아동 본인 또는 또래 일반아동의 비디오 모델링을 포함하는 사회적 상황이야기는 컴퓨터나 스마트 기기 등을 활용할 수도 있다.

③ 파워카드
- 자폐성장애 아동의 사회적 의사소통을 촉진하기 위한 시각적 접근으로 아동의 특별한 관심영역을 활용하여 사회적 상황에 적합한 스크립트를 지도하는 것이다.
- 파워카드의 구성요소
  - 휴대용 파워카드: 스크립트 내 기술된 내용의 요약된 해결책과 아동의 관심에 대한 그림이 포함된 명함 크기의 카드이다. 휴대할 수 있도록 제작되어 해당 상황에 직면했을 때 해결책을 상기할 수 있는 시각적 촉구가 될 수 있다.

- 스크립트: 아동이 좋아하는 특별한 관심(대상)이 아동이 경험하고 있는 문제 상황과 유사한 상황에서 어떻게 사회적 과제(목표행동)를 해결해 가는지를 설명하는 것이며 아동의 이해수준에 적합하게 만들어야 한다.

CHAPTER 07

정서 · 행동장애 아동

최근 들어 학령기 아동의 정서 · 행동문제가 다소 심각해지는 경향이 있어 그 어느 때 보다도 이에 대한 사회적 관심이 높아지고 있다. 실제 아이들이 겪는 어려움으로는 우울, 불안, 자살 충동 등과 같은 정서 문제뿐 아니라 주의력결핍 과잉행동장애, 음주, 흡연, 비행 및 폭력, 인터넷 중독, 게임중독 등 행동문제에 대한 것까지 매우 다양한 형태로 나타난다.

아동이 이러한 정서 · 행동적 문제를 보이게 되면 학급이나 가정 내에서 집단의 한 구성원으로 받아들여지지 못하고 또래나 가족으로부터 소외되는 경우가 발생하게 된다. 많은 유형의 학령기 정신장애나 문제행동은 단지 학령기에서 그치는 것이 아니라 성인이 된 이후에도 일생에 걸쳐 형태나 강도를 달리하여 지속될 수 있다는 데에서 그 문제의 심각성이 있다. 따라서 교사와 부모는 아동의 문제행동이 무엇이고, 무엇 때문에 일어났는지를 정확하게 이해하고 문제행동 교정에 적극적인 태도를 가질 필요가 있다.

1 정서 · 행동장애의 정의

1) 문제행동 정의의 어려움

다른 장애 영역과 마찬가지로 정서 · 행동장애 영역에서도 장애의 정의를 내리고자 많은 노력을 기울여 왔으나 여전히 합의된 정의의 도출은 해결과제로 남아있다. 정서 · 행동장애에 대한 명확하고 널리 수용되는 정의가 부족한 이유는 '문제가 되는 행동'에 대한 정의를 내리는 것이 결코 쉽지 않기 때문이다.

- <u>문제행동이란 일종의 사회적 구성 개념으로서</u> 건전한 정신건강의 구성요소에 대한 <u>명확한 합의점이 없다.</u>
- 누가 무엇 때문에 정의를 필요로 하는가에 따라 그 정의는 달라질 수 있다.
- 인간의 감정과 행동을 측정해야 하는 어려운 문제에 부딪치게 된다.
- 인간의 행동은 사회적 속성을 지니며, 인종 및 문화 집단에 따라 적절한 행동에 대한 기대수준과 규준이 상당히 다르다.
- 다른 장애들과 동반되어 나타날 경우, 어떤 장애가 다른 장애의 원인인지 혹은 결과인지를 알기 어렵다(경도 지적장애, 학습장애, 정서·행동장애 사이에는 많은 유사점이 존재한다).
- 문제로 지적되는 정서나 행동의 특성이 지속적이지 못하고 일시적인 경우가 종종 있다.
- 장애의 정해진 정의에 의해서 아동을 표찰하는 것은 교육이나 사회 적응 또는 취업 기회 등에서 불이익을 줄 수도 있다.

> 따라서 정서·행동장애의 개념을 정의하고 아동의 장애 여부를 판별하는 과정은 환경을 무시한 상태에서 이루어져서는 안 되며, 그 아동을 포함하고 있는 환경 전체가 하나의 단위로 인식된 상태에서 아동의 행동이 관찰되는 과정이어야 한다.

2) 정서·행동장애의 정의

- 우리나라의 특수교육법의 정의 역시 미국의 장애인교육법과 마찬가지로 1981년 Bower의 초기 정의에서 제시한 다섯 가지 항목을 근거로 하고 있다.

▌현행법상의 정의

장애인 등에 대한 특수교육법
장기간에 걸쳐 다음 각 목의 어느 하나에 해당하여, 특별한 교육적 조치가 필요한 사람 　가. 지적, 감각적, 건강상의 이유로 설명할 수 없는 학습상의 어려움을 지닌 사람 　나. 또래나 교사와의 대인관계에 어려움이 있어 학습에 어려움을 겪는 사람

다. 일반적인 상황에서 부적절한 행동이나 감정을 나타내어 학습에 어려움이 있는 사람 라. 전반적인 불행감이나 우울증을 나타내어 학습에 어려움이 있는 사람 마. 학교나 개인 문제에 관련된 신체적인 통증이나 공포를 나타내어 학습에 어려움이 있는 사람

미국 장애인교육법
(1) 정서장애(emotional disturbance)라는 용어는 다음의 특성 중 하나 이상을 오랜 시간 동안 눈에 띌 정도로 나타냄으로써 교육적 성취에 부정적인 영향을 미치는 상태를 의미한다: ① 지능, 감각, 건강상의 요인으로 설명할 수 없는 학습상의 무능력 ② 또래 및 교사와 만족할 만한 상호적인 관계를 형성하고 유지하지 못함 ③ 정상적인 환경에서 나타나는 부적절한 형태의 행동이나 감정 ④ 일반적이고 전반적인 불행감이나 우울감 ⑤ 개인적인 또는 학교 문제와 관련해서 신체적 증상이나 두려움을 보이는 경향 (2) 이 용어는 정신분열증을 포함한다. 이 용어는 정서장애를 보이지 않는 한 사회적 부적응을 보이는 아동에게는 적용되지 않는다.

- 우리나라의 특수교육법은 미국장애인교육법에서 명시하고 있는 교육적인 성취를 학습상의 어려움으로 한정함으로써 적격성 인정의 폭을 제한시키는 결과를 가져왔다.
  - → 학습능력이 있다면 심한 정서·행동장애를 지니고 있다 하더라도 서비스에서 제외되는 경우가 발생한다.

3) 정서·행동장애의 분류 및 판별도구

(1) 분류

- 정서·행동장애는 그 정의에서도 알 수 있듯이 매우 다양한 특성을 지닌 대상자를 포함하는 이질적인 집단으로 구성된다.
  - → 아직까지 모든 사람들이 동의하는 하나의 분류 체계가 제시되지는 않고 있으며, 사용하는 사람과 그 목적에 따라 서로 다른 분류 체계가 사용되고 있다.
- 가장 많이 사용되는 분류 체계는 미국정신의학협회에서 발행한 [정신장애 진단통계편람(DSM-5, 2013)]에 따른 분류 체계로 정신의학과 심리학 영역에서 주로 사용되고 있다.
  - →교육의 목적을 위해서는 이러한 분류 체계에 의한 진단에 의존하기보다는 개별 아동의 행동 특성이나 유형 등을 통계적으로 분석하도록 권장한다.

- 행동 측면에서의 분류 체계는 행동의 유형이 나타나는 정도에 따라 분류하는 체계로, 주로 행동평가를 통한 요인분석 등의 통계적인 방법을 사용하여 같은 범주에 속하는 행동을 묶어서 분류하는 방법이다.
- 행동 측면에서의 분류는 외현적 행동문제와 내재적 행동문제로 나눈다.

▌외현적 및 내재적 행동문제의 예

외현적 행동문제	내재적 행동문제
• 사물이나 사람을 향한 공격적 양상을 반복적으로 보인다. • 과도하게 언쟁한다. • 신체적이거나 언어적인 방법으로 다른 사람의 복종을 강요한다. • 합리적인 요청에 응하지 않는다. • 지속적인 성질부리기(tantrum) 양상을 보인다. • 지속적인 거짓말 또는 도벽의 양상을 보인다. • 자기조절력 결핍 및 과도한 행동을 자주 보인다. • 만족할 만한 인간관계를 개발하고 유지하는 데 방해가 될 정도로 다른 사람이나 교사, 또는 물리적 환경을 방해하는 기타 특정 행동을 보인다. [과잉행동장애, 품행장애, 적대적반항장애]	• 슬픈 감정, 우울함, 자기비하 감정을 보인다. • 환청이나 환각을 경험한다. • 특정 생각 또는 의견이나 상황에서 벗어나지 못한다. • 반복적이고 쓸모없는 행동에서 벗어나지 못한다. • 갑자기 울거나, 자주 울거나, 특정 상황에서 전혀 예측하지 못한 비전형적인 감정을 보인다. • 공포나 불안의 결과로 심각한 두통이나 기타 신체적인 문제(복통, 메스꺼움, 현기증, 구토)를 보인다. • 자살에 대해 말한다-자살 생각을 이야기하고 죽음에 대해 몰두한다. • 이전에 흥미를 보였던 활동에 대한 관심이 줄어든다. • 또래들로부터 과도하게 놀림을 당하거나, 언어적으로나 신체적으로 학대를 당하거나, 무시당한다. • 활동 수준이 심각하게 제한된다. • 신체적, 정서적 또는 성적 학대의 징후를 보인다. • 만족할 만한 개인적인 관계 형성 및 유지에 방해가 될 정도의 위축, 사회적 상호작용 회피 또는 개인적인 돌봄의 결여와 같은 기타 특정 행동을 보인다. [기분장애, 불안장애]

(2) 판별도구

- 우리나라에서는 한국 아동·청소년 행동평가척도(Korea-Child Behavior Checklist: K-CBCL)를 일반적으로 많이 사용한다.
- 직접행동 관찰 및 측정
  - 직접 관찰과 측정을 통해 평가할 때 자연스러운 장면(교실, 운동장 등)에서

아동의 행동을 명료하게 규정하고 관찰해야 한다. <u>행동 측정에는 비율(또는 속도), 지속시간, 반응시간, 형태, 강도 등이 사용된다.</u>

2 정서 · 행동장애의 원인

1) 생물학적 요인

- 정서나 행동은 유전적, 신경학적 또는 생물학적 요인에 의해 영향을 받을 수 있다.
- 생물학적 요인에 대해 거의 밝혀진 것은 없지만, 유전이나 기질(temperament), 기타 체질상의 요인이 특정 행동 양상을 발달시키는 상황을 조성해 준다는 사실에 많은 학자들이 동의하고 있다.
  - → 두 아동이 동일한 상황에 처했을 때 독특한 생물학적인 요소에 의해 서로 다르게 반응할 수 있다.
- 질병, 영양부족, 뇌 손상, 약물 등의 독극물 남용 등이 정서 · 행동장애 발생에 기여한다.
- 조현병은 유전적 요소가 그 발생에 직접적으로 작용한다고 보고된다.
  - → 대부분 꾸준한 약물치료로 일상생활에 큰 어려움이 없다. TV매체에서 자극적으로 다루는 조현병의 공격성은 지극히 드문 예이다.
- 기분장애, 불안장애, 우울증, 반항장애, 품행장애, 주의력결핍 과잉행동장애, 뚜렛증후군 등도 유전적인 요소에 의하여 영향을 받는다고 보고된다.

의학적 치료가 정서 · 행동 장애아동을 위한 단일 접근으로 사용되어서는 안 되며, 아동의 심리적 · 사회적 · 교육적 측면을 모두 고려해야 한다.

2) 가정 및 지역사회 요인

- 아동이 속한 다양한 환경은 개인의 성장과 발달에 긍정적이거나 부정적인 영향을 미친다.

→ 빈곤, 학대, 방치, 부모의 스트레스, 일관적이지 못한 기대, 사회적 불안 등
- 특히 부모의 양육 방법은 자녀의 행동에 큰 영향을 미친다.
  → 바람직한 행동 발달을 위해선 아동의 필요에 민감하게 반응하기, 잘못된 행동에 대해서는 사랑 담긴 행동으로 대처하기, 적절한 행동에 칭찬과 관심가지기 등의 양육태도가 필요하다.
- 가정환경이 가족 단위로 모든 자녀에게 동일한 영향을 미치는 것은 아니다.
  → 각 자녀들은 개별적으로 가족 관계를 경험하고 상호적인 영향에 의해 행동적인 특성이 결정된다.
- 교사는 아동의 장애가 가족 요인에 의해서 발생했을 가능성이 있더라도 부모를 비난하거나 교육 주체자로서의 자격도 무시해서는 안 된다.
- 가정폭력과 아동학대는 또 하나의 심각한 환경적 요소이다.
  → 대중매체를 통해 전달되는 폭력성, 다문화권 내에서 문화적인 행동 규범의 차이, 또래집단의 부정적인 영향 등

3) 학교요인

- 교사와 학교는 아동의 행동에 절대적인 영향을 미칠 수 있다.
  → 대부분의 정서·행동장애가 학교에 입학한 후에 발견된다.
- 정서·행동 문제를 야기하는 특정요인
  - 아동의 개별성에 대한 교사의 무감각
  - 아동의 성취나 품행에 대한 너무 높거나 너무 낮은 기대
  - 학업 실패를 초래하는 비효율적인 교수
  - 적절한 행동에 대한 분명하지 않은 규칙이나 기대
  - 일관성 없는 체벌적인 학교 훈육방법
  - 잘못된 행동은 관심을 받고 바람직한 행동은 무시되는 학교환경
  - 교사나 또래의 잘못된 행동을 모방할 수 있는 기회

- 교사와 학교 차원에서의 문제 예방 방법
  - 학교 전반에 걸친 분명한 규칙, 기대, 결과의 일관성

- 긍정적인 학교 분위기 조성
- 갈등을 해결하고 소외된 학생을 다루기 위한 학교차원의 전략
- 학교의 모든 상황에서의 강도 높은 감독
- 문화적인 민감성
- 아동이 학교에 대한 강한 정체감, 소속감, 친밀감을 느낄 수 있는 분위기
- 부모와 지역사회의 적극적인 참여
- 적절한 공간 활용 및 과밀학급 해소

3 정서·행동장애 아동의 특성

1) 지능 및 학업 성취

- 정서·행동장애 아동은 지적장애를 지니거나 영재아동일 가능성도 있지만 대체로 하위 평균의 지능을 보이는 것으로 보고된다.
  → 지능검사 수행과정에서 지시 따르기의 어려움이나 주의집중을 못하는 등의 문제에서 기인한 결과일 수도 있다.
- 다른 장애 영역에 비해 가장 낮은 학업 성취를 보이기도 한다.
- 기초학업기술 외에도 기본적인 자조기술조차도 갖추지 못할 수도 있다.
- 일반적으로 장애가 심할수록 학업성취도가 낮고 비행이나 범법 행위를 보일 가능성이 높다.
- 정서·행동장애 아동이 학업 과제에 참여하는 동안에는 방해 행동 등의 문제 행동이 감소한다는 결과가 보고되고 있다.
  → 교사는 아동의 문제 행동에 대한 지원뿐만 아니라 학업 기술 교수에도 관심을 기울여야 한다.

2) 사회-정서적 특성

- 불안장애: 아동기에 가장 보편적으로 나타나며, 두려움 걱정 등에 의하여 부적 응적인 정서적 상태나 행동을 보인다.

- 기분장애: 정서적으로 과도하게 의기소침하거나 반대로 지나치게 고취된 상태를 보이는 장애로, 양극단의 정서적 상태를 번갈아 보이기도 한다.
- 반항장애: 거부적, 적대적, 불순종적이고 반항적인 행동을 일으키는 장애로 이성을 잃거나, 성인을 무시하거나 언쟁하고 잘 흥분한다. 품행장애의 전조가 된다.
- 품행장애: 학교생활, 가정생활 및 사회적 기능을 심각하게 방해하는 반사회적 행동을 지속적으로 보인다.
- 조현병: 망상, 환각, 학대에 대한 근거 없는 공포감, 체계적이지 못한 언어사용, 무감각이나 근육 긴장으로 나타나는 긴장성 분열증, 제한된 정서적 표현과 현실감각 상실, 기쁨을 경험하지 못하는 등의 특성을 보인다.
- 뚜렛 증후군: 눈 깜빡이기, 얼굴 찡그리기, 목청 가다듬기, 코 킁킁거리기 등 신체 및 음성 틱 장애를 보이는 유전에 의한 신경학적 장애를 지칭한다.
  - 여아보다 남아에게서 3~4배 높게 나타난다.
  - 긴장하거나 스트레스를 받는 상황이면 더 빈번하게 나타난다.

3) 행동적 특성

- 외현적인 행동문제는 반항장애나 품행장애 등의 형태로 나타난다.
  - → 때리기, 싸우기, 친구 놀리기, 소리지르기, 반항하기 등
- 주위 환경으로부터 부정적인 반응을 받게 되고 이로 인해 상호간에 부정적인 영향을 미치게 되는 것이므로 문제를 아동에게만 국한시켜서는 안 된다.
  - → 아동의 행동과 환경 내 다른 사람들의 행동 간의 상호작용을 반드시 조사해야 한다.
- 내재적인 행동문제는 주로 불안장애나 기분장애 또는 사회적으로 매우 위축된 행동으로 나타나게 된다.
  - 혼자 노는 시간이 지나치게 많다.
  - 긍정적인 또래 상호작용을 보이지 않는다.
  - 의사소통의 시도나 발화율이 낮다.
  - → 학급활동을 방해하지 않기 때문에 잘 발견되지 않으므로 교사의 각별한

관심이 요구된다.

교사가 해야 할 일
• 사회-정서적 및 행동적 특성을 모두 모아도 정서 및 행동장애를 쉽게 판별할 수 없음을 유의한다.   • 교사는 학령기의 모든 아동이 시기적으로는 달라도 어느 정도 부적절한 행동을 보인다는 사실을 인지하고, 문제행동이 아동의 학업 성취나 교우관계, 교사와의 관계, 또는 교수 프로그램의 진행을 심각하게 방해하는지 고려해야 한다.   • 아동의 문제행동이 얼마나 오랫동안 지속적으로 발생하는지를 관찰해야 하며, 한두 차례의 부적절한 행동으로 인하여 특수교육 서비스에 의뢰하는 일은 없어야 한다.   • 아동이 보이는 부적절한 행동의 성격을 반드시 고려해야 한다. 　예) 행동의 빈도, 반응의 강도, 행동이 지속되는 시간 등   • 아동의 행동을 부적절하다고 판단하기 전에 교사는 그 행동에 대해서 해줄 수 있는 모든 교수를 시도해 보아야 한다.

4) 주의력결핍 과잉행동장애(Attention Deficit Hyper-activity Disorder)

• ADHD는 주의력 결핍, 과잉행동, 학습장애 등을 특징으로 보이는 일종의 신경생물학적 질병으로 부주의 우세형(predominantly inattentive, ADHD-PI, ADHD-I), 과잉행동-충동성 우세형(predominantly hyperactive-impulsive, ADHD-PH, ADHD-HI), 혼합형(combined type, ADHD-C) 등 세 가지로 나뉜다.

• 아동 초기에 발병하여 평생 지속될 수 있는 만성 질환으로 ADHD 아동 중 33~66%는 성인기에까지 관련 증상이 지속되어 교육, 취업, 대인관계 등에 악영향을 미치는 것으로 보고된다.

→ 성인 ADHD는 어렸을 때 나타난 ADHD 증상이 제대로 치료되지 않았거나 혹은 방치되어 성인기에 나타나는 것을 말한다.

▌DSM-5의 ADHD진단기준

발현	증상
부주의	다음 증상 중 아동에게는 6개, 성인에게는 5개 이상의 증상이 6개월 이상 꾸준히 나타나며, 다른 정신적 혹은 의학적 증상으로 설명되는 경우는 제외한다. ① 상세한 것을 자주 놓치거나 부주의한 실수를 빈번히 저지름 ② 하나의 과제에 집중하거나 어떤 활동을 계속하는 것에 자주 어려움을 느낌 ③ 분명한 방해거리가 없는 경우에도 남의 말에 경청하지 못함 ④ 지시 사항을 끝내지 못하거나 과제를 완수하지 못하는 일이 잦음 ⑤ 과제나 활동의 조직, 마감 기한 준수, 물건 정리를 힘들어함

발현	증상
부주의	⑥ 지속적인 주의를 필요로 하는 과제를 수행하기 어려움 ⑦ 물건을 자주 잃어버림(과제에 필요한 물건도 포함) ⑧ 관련 없는 일에 주의가 분산되기 쉬움, 성인과 10대의 경우 여러 생각들로 인해 집중력을 잃기도 함 ⑨ 일상 활동을 쉽게 잊어버리거나, 완수 후에도 그 사실을 잊어버리기 쉬움
과잉행동 -충동성	다음 증상 중 아동에게는 6개 이상, 성인에게는 5개 이상의 증상이 6개월 이상 꾸준히 나타나며, 다른 정신적 혹은 의학적 증상으로 설명되는 경우는 제외한다. ① 자리에 앉으면 잠시도 가만히 있질 못하고 몸을 비틈 ② 저녁 식사, 숙제, 업무 중에 자리에 앉는 것에 있어 어려움을 느낌 ③ 상황에 맞지 않게 돌아다니는 경우가 잦음, 성인이나 10대의 경우엔 차분하지 못함(restlessness)으로 나타남. ④ 여가 활동이나 놀이에 조용히 참여할 수 없음 ⑤ 계속 움직이려 하거나 움직임이 없을 땐 불편함을 느끼는 것이 잦음 ⑥ 말이 너무 많음 ⑦ 질문이 끝나기 전에 답하거나 남의 말을 멋대로 끝냄 ⑧ 줄 서기 등 자기 순번을 기다리기 힘들어 함 ⑨ 타인의 대화나 활동에 방해나 침입이 잦거나, 묻지도 않고 남의 물건을 사용함
혼합	부주의형 및 과잉행동-충동성을 모두 충족하는 형태

- 이러한 ADHD 증상이 12세 이전부터 있어야 하고 적어도 집이나, 학교, 직장이나 친구 관계 등 두 군데 이상에서 나타나며, 이러한 ADHD 증상들로 인하여 학업적, 사회적, 직업적 기능에 심각한 장애를 초래할 때 진단 내리게 된다.
- ADHD 진단준거는 매우 다양하고 주관적이다. 예를 들어 '끊임없이 움직인다'의 기준을 정확히 제시하기 어렵고, '과제를 회피하거나 싫어한다'를 판단할 때 다른 이유들은 배제한 채 단지 주의력결핍 때문이라고 단정짓기는 어렵다.
  → ADHD에 대한 타당하고 독립된 검사가 없기 때문에 이에 대한 의사의 진단 역시 전적으로 부모나 교사가 주는 정보에 의존할 수밖에 없다.
- 대부분의 ADHD아동은 또래들과 비교했을 때 읽기, 쓰기, 수학 등에서의 학업성취 정도가 낮으며, 조직화하기나 계획하기 등과 같은 학문적 성취에 필수적인 기술들을 익히는 데 어려움을 겪는다.
- ADHD아동의 약물치료: 페닐페니데이트, 덱스트로 암페타민, 덱스트로암페타민 설페이트 등
  - 과잉행동의 감소, 주의집중 및 과제집착력의 증가로 인해 학업적 성취와 바람직한 행동의 증진을 보고하기도 한다.

→ 불면증, 식욕 감소, 두통, 체중 감소, 짜증부리기 등의 부작용도 있으며 이
는 약물 투여량을 줄임으로써 통제될 수 있다.
• 학령전기 아동에게는 행동중재가 우선적으로 고려되어야 하며, 좀 더 높은 연
령의 아동, 특히 청소년들에게 있어 <u>약물치료는 행동중재와 함께 처방되어야
한다</u>고 전문가들은 언급하고 있다.

약물치료는 ADHD아동을 위한 여러 중재방법 중 하나이며 행동중재와 함께 했을 때 효
과적이라는 것을 반드시 인식하고 있어야 한다.

• <u>응용행동분석을 기반으로 한 행동중재</u> 방법들은 ADHD아동을 다루는 교사나
부모에게 실제적인 도움을 제공해준다(117쪽 긍정적 행동지원 참고).
  − 과제행동에 대한 정적 강화, 성공 가능성을 높이기 위한 과제와 교육활동
  수정하기
  − 빈번한 기회 제공, 적절한 행동에 대한 칭찬이나 토큰과 같은 긍정적 강
  화, 부적절한 행동의 무시, 부적절한 행동에 대한 타임아웃 또는 반응 대
  가 등의 제공
  − 환경 수정하기: 교사 가까이 아동 앉히기, 과제분석, 학습 양의 조절 등
  − 자기점검(self-monitoring)과 같은 체계적이고 점진적인 자기통제 기술지도
  등
  − 기능적 행동평가에 기초를 둔 중재: 파괴적 행동, 산만한 행동 등 주로 행
  동문제를 다루는 데 효과적인 방법

4 정서·행동장애 아동 교육지원

• 지적장애 아동, 학습장애 아동, 정서·행동장애 아동이 보이는 행동 특성이 서
로 유사하기 때문에 교수방법이나 문제행동을 다루는 방법이 비슷하다.
  → 따라서 정서 및 행동장애 아동의 문제행동에 대한 교수방법은 <u>장애 유무
  와 상관없이 모든 아동의 문제행동을 다루기 위한 교수방법으로 적용될
  수 있다.</u>

1) 통합교육을 위한 일반적 지침

• 정서·행동장애 아동이 일반학급에 통합되는 경우 교사는 교실에서의 행동 문제, 사회적 기술, 교과 학습의 세 가지 측면이 균형을 이루도록 교육 프로그램을 적용해야 한다.

• 체계적인 교수를 통해 정서·행동장애 아동의 학업 성취가 향상될 수 있으며, 행동 문제까지도 감소시킬 수 있다.

• 교사가 아동의 현행수준을 이해하는 데 강조점을 두고 관찰이 가능한 행동에 대한 자료를 수집하여 적절한 교수전략을 적용하는 것이 효과적이다.

• 교사의 단독적인 접근뿐만 아니라 특수교사의 지원, 학교 내에서의 상담, 관련 서비스 전문가와의 협력을 통한 적절한 지원을 제공한다.

• 아동의 체계적인 행동조절을 위해 교사는 먼저 목표행동을 확인하고 목표행동과 관련된 자료를 수집하고 교수의 지속적인 시행을 결정한다.

→ 행동조절을 위한 목표행동 세 가지
① 적절한 행동의 증가
② 부적절한 행동의 감소
③ 새로운 행동의 학습

• 교사는 정서·행동장애 아동이 통합 환경에서 또래의 적절한 행동을 모방하고 학습할 수 있음을 인식해야 하고, 학급 내 일반아동의 준비와 가정에서의 지도를 위해 부모를 참여시킨다.

▌ 정서·행동장애 아동의 중재계획을 위한 지침

요소	내용

중재의 수행 가능성	• 학급에서 중재를 실행할 수 있는가?
	  - 문제의 유형을 고려한다(예: 지각 vs 약물복용).
	  - 아동의 연령을 고려한다.
	  - 활용 가능한 자원을 고려한다(예: 보조원, 교사 연수).
	  - 행동 발생 및 유지에 영향을 미치는 요소를 고려한다.
	     (예: 교사나 또래의 관심, 과제 회피)
	• 학급의 구조를 고려한다.

중재의 일관성	• 중재를 일관성 있게 수행할 수 있는가? → 만일 그렇지 않다면 다른 중재를 선택한다.

요소	내용
자료수집방법	• 아동의 진도를 결정하기 위해 어떻게 자료를 수집할 것인가? • 일관성 있는 자료 수집이 가능한가?
선수기술	• 적절한 행동을 학습하기 위해서 필요한 선수기술을 지니고 있는가? → 만일 그렇지 않다면 어떤 기술부터 가르쳐야 하는지 결정한다.
행동의 위험성	• 즉각적인 제거나 교정을 필요로 하는 위험한 행동을 보이는가? → 만일 그렇지 않다면 가장 긍정적이고 덜 개입적인 방법을 선택한다.
아동의 참여	• 아동은 어떤 형태로 중재에 참여할 것인가? - 스스로 자신의 행동을 기록한다. - 행동계약서를 작성하고 참여한다. - 다른 학생에게 시범을 보이거나 행동을 기록해 준다.
강화물	• 대상아동에게 효과적인 강화물은 무엇인가? • 선택한 강화물을 중재에 적용할 수 있는가?
활용 가능한 자원	• 어떤 자원이 필요한가? - 교사의 시간 - 보조원 - 강화를 위한 물건
프로그램 평가	• 중재 프로그램의 평가를 위해 어떤 기준을 적용할 것인가? • 만일 중재가 실패한다면 어떤 프로그램으로 대체할 것인가?
기타 요소	• 기타 고려해야 할 요소들이 있는가? - 학급의 물리적인 구성을 어떻게 변경시켜야 하나? - 또래 훈련이 필요한가?

2) 사회적 기술 교수

• 정서·행동장애 아동은 사회적 기술 습득에 있어 결함을 보이는 경우가 많다.

• 사회적 관계를 형성하는 기술이나 비학업 기술의 학습은 정서·행동장애 아동이 일반학급에 성공적으로 적응하는 데 매우 중요한 역할을 한다.

• 통합교육을 위한 결정적인 기술
  - 또래와의 갈등 상황에서 감정 조절하기
  - 성인과의 갈등 상황에서 감정 조절하기
  - 지시 따르고 수행하기
  - 교사의 교수에 주의집중하기
  - 하나의 활동에서 다른 활동으로 쉽게 이동하기

• 아동의 사회적 능력을 정확히 진단해서 개별 아동에게 적절한 교수전략을 선택해야 한다.

▌예 : 공격적인 문제행동을 지닌 아동을 위한 사회적 기술교수

교수전략	내 용
시범보이기	공격행동을 일으키기 쉬운 상황에서 비공격적인 행동이 사용될 수 있음을 보여준다. 이때 성인이나 또래가 시범자로 직접 행동할 수도 있고 영화나 동영상 등을 활용할 수도 있다.
역할놀이	비공격적인 행동을 연습할 수 있도록 역할놀이를 실시한다. 이때 가상 상황을 설정하여 실제로 어려운 상황에 부딪치기 전에 적절한 행동으로 대처하는 방법을 학습하도록 기회를 제공한다.
자기방어	상대방의 언어적이거나 신체적인 공격에 대한 적절한 반응을 학습시킨다. 도움을 구하거나 자리를 뜨거나 비공격적인 언어를 사용하도록 가르친다. 이러한 반응을 학습하지 못한 경우에는 신체적이거나 언어적인 공격행동으로 반응하기 쉽다.
대체행동 강화	이전에 공격행동을 보였던 상황에서 적절한 대체행동을 보일 때 즉시 강화한다. 예를 들어, 점심시간이나 자유놀이 시간에 친구와 싸움을 하거나 친구를 놀리는 행동 대신 함께 게임을 하고 있다면 즉시 강화한다.
소거	욕하고 놀리고 싸우고 부적절한 언어적 행동에 대해서 무시하는 방법을 사용한다. 학급 내 모든 아동에게도 대상아동의 문제행동이 나타날 때 관심을 보이지 말고 무시하도록 지시한다.
벌칙	부절적한 행동에 대한 벌칙을 정해 강화받을 수 있는 기회를 제한하거나 이미 얻은 강화나 활동 시간을 반납하게 하거나 꾸짖거나 부모에게 알리는 등의 방법을 사용한다. 그러나 이러한 방법은 자주 사용되어서는 안 되며, 문제행동을 신속하게 교정해야 할 시급함이 있는 경우에 사용될 수 있다. 벌칙은 행동이 발생했을 때 즉각적으로 사용되어야 하며, 적절한 대체행동에 대한 강화가 함께 사용되어야만 효과가 나타난다.

▌예 : 위축된 아동을 위한 사회적 기술교수

교수전략	내 용
행동분석	위축된 아동의 사회적 기술을 주의 깊게 분석하여 강점과 약점에 따라 필요한 영역에 대한 교수를 제공한다. 예를 들어, 다른 사람에게 인사하고 반기는 방법이나 상호작용을 시작하는 방법, 대화에 참여하고 유지하는 방법 등을 가르친다.
강화	위축된 아동의 사회적 상호작용을 강화한다. 그러나 처음에는 위축된 아동의 또래를 강화하여 사회적 상호작용이 발생하게 하는 것이 더 좋다. 처음부터 위축된 아동에게 지나친 관심을 집중하면 오히려 더 위축되고 상호작용을 회피하게 될 수도 있기 때문이다.
모둠활동	위축된 아동이 모둠 활동에 참여하게 한다. 이때 사회적 상호작용이 발생하도록 특정 활동을 지정하는 것이 좋다. 예를 들어, 학습지 문제의 답을 맞히기 위해 필요한 교재를 각각의 아동에게 다르게 배부하여 서로 의논하지 않고는 답을 맞힐 수 없게 한다. 대상 아동이 적극적으로 참여할 때에는 모둠 전체에게 강화를 제공한다.
보조인력 활용	위축된 아동에게 또래나 성인 보조원 등을 지정하여 직절한 사회적 상호작용을 시범 보이게 하고 아동이 유사한 행동을 보일 때 강화한다.

3) 학업준비기술 지도

- 학업준비기술이 빈약한 아동은 수업에 주의를 집중하지 못하거나, 주의집중 결핍으로 인해 지속적인 과제 수행이 어렵다. 또 과제 수행을 위한 작업 자체를 계획하고 조직화하는 것이 어렵고, 제시한 과제에 대해 정확히 반응하는 것도 어렵다.

  → 최근 <u>학업준비기술을 가르치는 것에 대한 중요성이 강조된다.</u>

- 정서·행동장애 아동을 효과적으로 교수하기 위한 기본적인 지침
  - 적절한 구조화 및 예측 가능한 일과의 제공
  - 구조화되고 일관성 있는 교실 환경
  - 규칙과 결과와 기대 수준을 분명하게 명시한 일관성 있는 시간표
  - 적절한 칭찬 및 문제행동에 대한 체계적인 반응을 통한 교사-학생 간 긍정적인 상호작용
  - 학업 과제 참여율을 높이기 위한 빈번한 교수
  - 책상에 앉아 독립적으로 수행하는 과제의 양을 줄이고 긍정적인 상호작용을 위한 충분한 시간을 할애하는 학급 환경

(1) 주의집중력

- 행동문제를 보이는 아동 중 많은 수가 수업 활동에 주의집중을 하지 못한다.
- 주의집중력을 증진시키기 위한 구체적인 교수전략으로는 신호체계의 사용, 강화, 좌석 배치, 지시 전달, 수업 진행, 지속적인 점검, 신체적 근접성, 수업 진행의 다양화, 개별 학습 공간, 교재의 단순화 등이 있다.

▌조직력 증진을 위한 구체적인 교수전략의 예

교수전략	내　용
시간분배	수업을 작은 시간 단위로 나눈 시간표를 만들어 각 단위의 시간마다 완수해야 할 활동의 목록을 만든다. 아동이 활동을 한 가지씩 완수할 때마다 강화한다. 아동이 직접 독립적으로 시간표를 작성할 수 있을 때까지 점진적으로 도와준다. 일단 각 활동을 완수할 수 있게 되면 강화받을 수 있는 기준을 점점 더 어렵게 만든다(예: 한 가지 활동 대신 두 가지 활동을 완수했을 때 강화하기).

교수전략	내 용
과제전달	숙제나 학급 활동을 전달할 때에는 구두와 문자로 동시에 전달한다. 이때 아동은 처음에는 듣고 필기하는 것을 통하여 연습하고, 다음에는 문서로 전달된 과제와 자신의 필기가 맞는지를 점검함으로써 자신의 지시 수용 정확도를 확인하게 된다.
난이도 조절	단순한 지시부터 시작하여 점차적으로 복잡한 지시를 사용한다. 과제를 완성하기 위해서 걸리는 시간도 처음에는 짧은 것부터 시작하여 점점 길게 한다. 과제 완수의 정확도 기준도 처음에는 낮게 시작하여 점점 높인다.
집단 강화	개별 과제를 완성하기 위한 모둠을 구성한다. 모둠 내 모든 아동이 각자 자신의 과제를 기준에 맞게 완수하면 모둠 전체가 강화받을 수 있다는 것을 미리 알려준다.

(2) 조직력

• 행동문제를 보이는 아동 중에는 해야 할 일을 미리 계획하는 등 행동을 조직적으로 관리하고 수행하는 능력이 부족한 경우가 많다.

• 아동의 조직력을 증진시키기 위한 구체적인 교수전략으로는 시간 분배, 지시전달, 교재 정리, 과제 전달, 난이도 조절, 질문하기, 집단 강화, 교재 준비, 숙제하기, 가정학습 등이 있다.

❙ 주의집중력 증진을 위한 구체적인 교수전략의 예

교수전략	내 용
강화	아동이 주의집중하는 행동을 보일 때 교사가 관심을 보이거나 기타 강화물을 제공한다. 주의집중 문제가 심각한 아동의 경우에는 즉각적인 강화물의 제공이 필요할 수도 있다. 이러한 방법은 아동이 주의집중하지 않는다고 야단치는 것보다 훨씬 더 효과적이다.
좌석 배치	교사가 모든 아동의 시선을 확인하고 서로 마주 볼 수 있도록 좌석을 반원이나 U자로 배치한다.
지시전달	아동에게 지시를 전달할 때에는 분명하게 한다. 주의집중에 문제가 있는 아동은 여러 개의 지시가 포함되어 있는 복합지시를 따르기가 어렵기 때문에 지시내용을 단순하게 만들어야 하며, 각 단계의 지시를 따를 때마다 강화를 제공한다. "모두 자리에 돌아가 앉아서 수학책을 꺼내 28쪽을 편 후에 첫 번째 문제의 답을 적으세요."와 같은 지시는 적절하지 않으며, "모두 자리에 돌아가 앉으세요."라고 지시한 후에 지시를 따른 것에 대해서 강화하고 다음 단계로 넘어가는 것이 바람직하다.
교재의 단순화	교재를 단순하게 하여 필요한 정보만을 제공한다. 읽기 교재에 포함되어 있는 그림이나 사진이 읽기 활동을 방해하는 자극으로 작용하는지 점검한다.

(3) 반응 정확도

- 정서·행동장애 아동은 충동성 때문에 부정확한 반응을 보이기도 한다.
- 충동성은 주의 깊은 생각이나 목적 없이 발생하는 행동으로, 반응하기 전에 생각하지 않고 충동적으로 행동하기 때문에 부적절한 경우가 많다.
- 아동의 반응 정확도를 높이기 위한 구체적인 교수전략으로는 정확도 점검, 강화, 교정 연습, 적절한 교재, 시험 연습, 생각하기, 인지 훈련, 반응대가, 또래교수 등이 있다.

▌반응 정확도 증진을 위한 구체적인 교수전략의 예

교수전략	내 용
정확도 점검	과제를 제시할 때 과제의 일부분으로 정확도를 점검하게 한다. 예를 들어, 수학 문제를 푼 후에 검산하는 활동을 과제에 포함시킨다. 점검하는 활동 자체를 강화할 수도 있다.
교정 연습	스스로 교정하는 방법을 연습하도록 적절한 시범을 보인다. 여러 가지 유형의 실수가 포함되어 있는 문장을 사용해서 어떻게 교정해야 하는지를 연습하게 한다.
생각하기	말하기 전에 먼저 생각하게 한다. 예를 들어, 질문을 한 뒤에 약 5~10초 정도의 '생각하는 시간'이 지난 후에 대답하도록 규칙을 정한다. 아동은 대답하기 전에 주의 깊게 생각하는 방법을 학습하게 되며, 서서히 '생각하는 시간'을 줄여 간다.
또래교수	아동이 정확한 반응을 연습하도록 또래를 교수자로 활용한다. 예를 들어, 교사는 또래에게 학급에서 많이 제시되는 질문을 제공하고 또래와 아동은 함께 그 질문에 대해서 연습한다. 이때 또래교수자는 아동이 대답하기 전에 생각하도록 격려할 수 있어야 한다.

4) 긍정적 행동지원(PBS: Positive Behavior Support)

(1) 정의

- 문제 행동을 감소시키고 예방하는 것뿐만 아니라 나아가 친사회적 행동을 형성하여 이를 일상생활에서 일반화할 수 있도록 지원하는 모든 종합적인 접근법을 말한다.
- 선행사건 조정, 대체행동 교수, 후속결과 조정 등을 통한 긍정적인 절차를 강조, 환경에서 행동에 영향을 미치는 환경적·맥락적 변인을 강조한다.
- 기능적 행동 평가에 기초하여 행동지원 계획이 수립되어야 한다.

→ 기능적 행동평가란 행동의 이유나 목적을 확인하기 위해 선행사건, 행동, 후속 결과에 관한 정보를 수집하여 분석하는 방법이다.
• 바람직하고 적절한 행동을 보일 가능성을 최대화시키도록 환경을 조정하는 데 초점을 둔다.

(2) 실행단계

• 1단계: 문제행동의 정의와 우선순위의 결정
  → 문제행동을 가장 잘 정의하는 방법은 주의 깊게 아동을 관찰하고 보이는 것을 그대로 기록하는 것이다.
    예) 몇몇 행동이 동시에 발생하면 반드시 두 행동 모두를 기록해야 한다.
  → 문제행동이 여러 가지인 경우 우선적으로 지도해야 할 행동을 결정해야 한다.

▌ 문제행동 지원의 우선순위

우선순위	문제 행동	문제행동의 예
1	파괴행동	아동이나 주위사람의 건강이나 생명을 해칠 수 있는 행동. (예: 물기, 때리기, 눈 찌르기, 머리 흔들기, 긁기, 자르기, 아무거나 먹기)
2	방해행동	집, 학교, 지역사회에서의 일상생활 참여를 방해한다거나 학습을 방해하는 행동. (예: 교실 뛰어다니기, 말 안하기, 울기, 남을 밀어 제치기)
3	분산행동	귀찮은 행동이지만 크게 해가 되지 않는 행동. (예: 공공장소에서 계속 손 흔들기, 몸 흔들기, 교실에서 어슬렁거리기, 책 찢기)

• 2단계: 정보 수집
  → 문제행동을 보이는 아동을 돕기 위해 행동에 영향을 주는 환경에 대한 이해가 필요하다.
    예) 누구와 있을 때, 어떤 일이, 언제 주로, 어디에서 문제행동이 일어나는가? 문제행동이 일어나기 전에 일어나는 선행조건(자극)은 무엇인가?
  → 행동을 평가한다는 것은 인간의 행동과 환경 사이의 관계를 분석한다는 뜻이다.

상황사건 (setting)	선행사건 (Antecedent)	문제행동 (Behavior)	후속결과 (Consequences)	기능 (function)
수학시간	교사가 문제를 주며 풀어보라고 지시한다.	짜증내며 연필을 던진다.	교사가 복도로 나가라고 한다.	좋아하지 않는 과제의 회피
마트에서 장보기	엄마가 오늘은 장난감을 사줄 수 없으니 제자리에 놓으라고 말한다.	바닥에 드러누워 소리치며 운다.	엄마가 장난감을 사준다.	좋아하는 물건의 획득

- 3단계: 가설세우기
  → 관찰된 선행사건(자극), 행동, 후속 결과 사이의 관계를 밝혀준다.
    문제행동의 목적이 무엇인지 알 수 있다.
- 4단계: 긍정적 행동지원 계획의 실행
  → 문제행동을 예방하기 위해 선행조건을 변화시킨다.
    예) 문제의 난이도 또는 문제의 수 조정, 아동의 그룹이나 수를 조정, 활동의 변화, 격려, 활동을 선택할 수 있는 기회의 제공 등
  → 대체행동 지도하기: 문제행동을 하지 않아도 자신의 욕구를 충족시킬 수 있는 대체행동을 지도한다.
    예) 아동이 물을 마시고 싶은데 의사소통이 안 되어서 소리를 지르는 것이라면 몸짓, 손동작, 그림 자료 등을 사용하여 의사소통이 가능하게 대체행동을 지도한다.

대체행동의 조건	• 아동이 배우기 쉬워야 한다. • 아동에게 언제, 어떻게 사용해야 되는지를 지도해야 한다. • 문제행동보다는 더 효과적인 방법이어야 한다.

- 5단계: 긍정적 행동지원 계획실행에 대한 평가
  → 긍정적인 변화가 있었는지, 잘 실행되었는지, 전략의 적절성 여부, 수정사항 등을 평가한다.

CHAPTER 08

의사소통장애 아동

말에 문제가 있는 아동은 소리나 단어를 잘못 발음하기도 하고, 더듬거리거나 지나치게 빨리 말하기도 하고, 듣기 힘든 목소리로 말하기도 하여 결과적으로 말을 듣는 상대방이 이해하기가 어렵다. 말과 언어상의 문제는 지적장애, 자폐성장애, 청각장애와 같은 기타 장애와 중복되어 나타나기도 한다. 그러나 대부분의 의사소통장애 아동은 주로 일반학급에서 교육을 받으면서 특수교사나 언어치료사 등 전문가의 도움을 받게 된다.

말이나 언어문제를 가지고 있는 아동은 일반학급에서 또래가 사용하는 정확한 말을 들을 수 있기 때문에 일반학급에서 교육받는 것이 가장 바람직하다. 그러므로 교사는 의사소통장애 아동의 특성을 잘 이해하여 이들의 학업 및 사회적 적응을 도울 수 있어야 한다.

1 의사소통장애의 정의

의사소통장애를 정의하기에 앞서 의사소통에 대한 기본적인 정리가 필요하다.

1) 의사소통의 구성요소

의사소통의 구성요소에는 송신자(화자), 메시지, 수신자(청자), 피드백 등이 있다.
• 송신자(화자): 의사소통을 하려는 사람으로 메시지를 부호화한다.

- 메시지: 부호화의 결과이며 송신자의 목적이 말, 음성, 글 등의 언어적인 것과 몸짓, 표정, 형태 등과 같은 비언어적인 것으로 표현된 것이다.
- 수신자(청자): 송신자로부터 메시지를 받는 사람으로 해독자이다. 부호화와 해석은 동시에 발생하고 송신자와 수신자 모두에게 일어나는 활동이다.
- 피드백: 정보가 송출되었던 원래의 지점으로 그 정보에 대한 반응을 되돌려 보내는 것을 말한다.

┃ 의사소통 전달과정

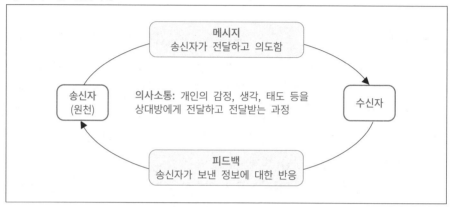

2) 의사소통의 유형

- 의사소통(communication): 의사소통이란 두 사람 이상의 사이에서 자신의 느낌이나 생각 그리고 정보를 말과 언어를 이용해 주고받는 과정이며, 정보를 부호화하는 송신자와 정보를 해독하는 수신자가 포함된다. 이때 정보는 언어적이거나 비언어적일 수 있고, 상징적이거나 비상징적(예: 표정, 눈 맞춤, 목소리, 억양, 제스추어 등)일 수도 있다.
- 언어(language): 다른 사람과의 의사소통을 위한 상징적인 구조 체계를 뜻한다. 즉 자신의 생각과 느낌, 경험을 통한 정보를 표현하기 위해 어떤 음을 규칙적으로 배열하는 것이며, 음운적·형태적·구문적·의미적·화용적 요소로 구성된다(138쪽 참고).
- 말, 구어(speech): 언어의 음성적 산출, 즉 입으로 말해지는 음성언어라 불리는

소리를 뜻한다. 언어를 표현하는 유일한 수단이 말(구어)은 아니지만, 구어는 대다수의 사람들이 선호하는 가장 신속하면서도 효율적인 의사소통 방식이다.

- 우리가 가장 흔히 사용하는 의사소통체계는 구어와 언어이지만, <u>언어를 말이나 글로 나타내는 것이 의사소통에 필수적인 것은 아니다.</u>
  - → 준언어적 행동에는 비언어적 음성(예: '우~~', 폭소 등)과 메시지의 의미와 형식을 바꾸는 구어 수식 용법(예: 어조, 억양, 속도 등)이 있으며, 비언어적 단서는 몸짓, 자세, 얼굴표정, 눈 마주치기 등을 포함한다. 얼굴을 보면서 의사소통할 때 2/3 이상의 정보를 구어가 아닌 방법으로 얻게 된다.

▌의사소통의 상위단계 및 유형과 수단

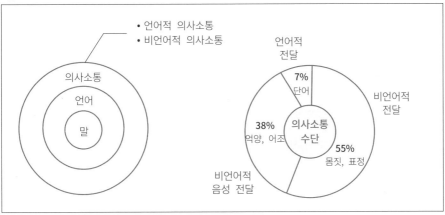

3) 의사소통장애의 정의

- 의사소통장애는 말과 언어의 사용에 있어 장애를 보이는 것을 의미한다.
  - → <u>자신과 동일한 언어, 지역, 문화를 공유하는 다른 사람들과 비교했을 때,</u> 언어적·비언어적으로 전달되는 정보를 표현하거나 이해하는 의사소통의 과정에 심각한 어려움을 보이는 것을 말한다.
- 미국언어청각협회(ASHA: American Speech-Language-Hearing Association)에서는 '개념이나 구어 및 비구어, 그래픽 상징체계를 지각하고 전달하며 이해하는 데 손상이 있는 경우'를 의사소통장애로 정의하고 있으며, 의사소통장애는 청각 혹은 구어/언어의 과정에서 두드러진다고 하였다.

장애인 등에 대한 특수교육법	다음 각 목의 어느 하나에 해당하여 특별한 교육적 조치가 필요한 사람 가. 언어의 수용 및 표현능력이 인지능력에 비하여 현저하게 부족한 사람 나. 조음능력이 현저히 부족하여 의사소통이 어려운 사람 다. 말 유창성이 현저히 부족하여 의사소통이 어려운 사람 라. 기능적 음성장애가 있어 의사소통이 어려운 사람
장애인복지법	가. 장애의 정도가 심한 장애인 　　음성기능이나 언어기능을 잃은 사람 나. 장애의 정도가 심하지 않은 장애인 　　음성·언어만으로는 의사소통을 하기 곤란할 정도의 음성기능이나 언어기 　　능에 현저한 장애가 있는 사람 ※참조: 장애인복지법에서는 '언어장애인'이라 지칭함

- 미국장애인교육법에서는 구어 및 언어장애를 '말더듬, 조음장애, 언어장애, 음성장애와 같은 의사소통의 장애가 학업의 수행에 부정적인 영향을 주는 경우'라고 정의하고 있다.

4) 의사소통장애의 분류

의사소통장애를 분류하는 단 하나의 기준은 없다. 가장 보편적으로 사용하는 분류체계 중 하나는 미국언어청각협회(ASHA)의 분류체계이다.

(1) 말장애

말소리를 산출하거나(조음), 말의 흐름을 유지하거나(유창성), 목소리를 조절하는 데 있어서(발성) 어려움을 보이는 세 가지 형태의 장애를 모두 포함한다. 한 가지 이상이 중복되어 나타나거나 기타 언어장애 유형과 함께 나타나기도 한다.

① 조음장애(오조음)

- 말소리를 산출할 때 어려움을 지니는 장애이다.
- 일반적으로 첨가, 생략, 왜곡, 대치 등 단어 산출상의 실수를 의미한다.
- 음운 산출의 어려움은 해부학적이거나 생리학적인 문제에 의해 나타나기도 하고, 뇌성마비나 청각장애와 같은 기타 요인에 의해 나타나기도 한다.
- 일반적으로 아동이 말을 할 때 가족이나 교사, 또래가 그 말을 이해하지 못할

정도라면 심각한 조음장애를 지닌 것으로 여겨진다.

- 음운장애는 조음장애와 유사한 형태로 나타난다. 그러나 음운장애는 조음장애와 달리 특정 말소리를 산출할 수는 있지만 상황에 따라 말소리를 식별하고 만들어서 정확하게 발음하지 못하는 경우를 의미하며 주로 9세 이전의 어린 아동에게서 나타난다.
  - 말소리 산출을 위한 규칙을 이해하지 못함으로 인하여 발생한다.
  - 음운장애는 개념적으로 조음장애와 구분하기가 매우 어려우나, 일반적으로 조음장애의 경우 정확하게 소리를 내지 못하는 장애인 반면, 음운장애는 소리에 대한 내적 표상이 빈약하기 때문에 나타나는 장애로 이해된다.

▌조음장애와 음운장애의 구별

조음장애	음운장애
• 몇 개의 소리에서만 어려움을 보인다.	• 복합적인 조음오류를 보인다.
• 특정소리에 대해 일관적인 조음오류를 보인다.	• 소리를 비일관적으로 오조음한다.
• 운동근육적인 문제로 인해 정확한 소리를 내지 못한다.	• 운동근육적으로는 소리를 낼 수 있지만, 적절한 위치에서 소리를 내지 못한다.
• 의사소통장애가 공존할 수도 있지만, 음운장애와는 같이 나타나지 않는다.	• 음운과정에서 일관적인 오류를 나타낸다.
	• 언어의 다른 부분도 지체되어 있다(음운은 언어의 구성요소이기 때문).

② 유창성장애

- 부적절한 속도나 부적절한 리듬으로 말하는 것을 의미한다.
- 말이 너무 빠르거나, 문장의 잘못된 곳에서 쉬거나, 부적절한 형태의 강세를 사용하거나, 흐름이 부드럽지 못하여 음절이나 단어를 반복하는 등의 특성을 보인다.
- 전형적인 말 발달을 보이는 아동에게서도 흔하게 발견된다.
  - 흥분하거나 낯선 상황, 스트레스 상황에서 더 빈번하게 나타난다.
  - 아동기에 나타나는 유창성 문제는 그 회복률이 매우 높아 대부분의 경우 성인이 되기 전에 해결되는 경우가 많다.
    → 1~2년 이상 증세가 지속되면 심각한 장애를 초래할 수 있기 때문에 조기 진단을 통한 정확한 문제와 대처가 중요하다.

가. 말더듬

- 가장 보편적인 형태로 여아보다 남아에게서 더 자주 나타난다.
- 1차적으로, 말을 할 때 소리를 반복하거나 오래 끌거나 멈추는 등의 행동 특성을 보인다.
- 2차적으로, 말 더듬는 행동을 다루거나 피하기 위해 눈 깜박이기, 입 벌리기, 삽입음 넣기 등의 행동 특성도 함께 보인다.
- 교사는 환경조성을 통해 아동의 말더듬 행동을 감소시키는 중요한 역할을 할 수 있다.
  → 부모, 교사, 또래의 반응과 기대가 중요한 영향을 미친다.

나. 말빠름증(속화)

- 말의 속도가 너무 빠르고 음을 추가하거나 잘못 발음함으로써 듣는 사람이 말을 이해하기 힘든 경우를 말한다.
- 말더듬과 비교할 때 자신의 유창성 문제를 잘 인지하지 못한다.
  → 스스로 본인의 말 조절에 주의를 기울임으로써 향상될 수 있다는 것이 말더듬과의 차이점이다.

③ 음성장애

가. 발성장애

- 후두의 결함이나 손상 또는 후두로 연결되는 신경 손상 등의 생물학적·비생물학적 원인에 의하여 발생한다.
- 음성을 지나치게 많이 사용하거나 잘못 사용하는 경우에도 일시적으로 나타날 수 있다.
- 심리적인 문제로 인한 음성의 상실이나 음성변형이 나타나기도 한다.
  → 성인에게 자주 나타나지만 아동에게서도 종종 발견된다.
- 구체적인 특성
  - 콧소리, 숨이 새는 소리, 거친 소리, 쉰 소리 또는 목소리가 전혀 나오지 않는다.

- 소리의 크기 장애는 주로 청각장애와 연관되어 나타나는 경우가 많다.
- 대부분의 음성이 숨이 차고, 거칠며, 목이 쉰 것 같거나 긴장된 경우이다.
  → 성대 결함으로 인해 목소리의 질, 높낮이, 크기에 있어서의 변형으로 나타난다.

나. 공명장애

- 비강으로 소리가 너무 많이 나오거나 비강의 공명이 충분하지 못한 경우에 생긴다.
  → 발성 시 코와 입 사이를 폐쇄하지 못해서 나타난다.

(2) 언어장애

- 언어장애는 언어의 다섯 가지 영역, 즉 음운론, 형태론, 구문론, 의미론, 화용론 중 하나 혹은 그 이상의 영역에서 문제가 있는 경우를 포함한다.
  - 언어장애는 주로 수용언어장애와 표현언어장애로 분류한다.

▍언어의 하위체계 구성요소

구성요소	언어의 하위체계	정의	사용의 예	
			수용언어	표현언어
형태	음운론	말소리 및 말소리의 조합을 규정하는 규칙	말소리를 식별함	말소리를 만들어서 분명하게 발음함
	형태론	단어의 구성을 규정하는 규칙	단어의 문법적인 구조를 이해함	단어 내에서 문법을 사용함
	구문론	단어의 배열, 문장의 구조, 서로 다른 종류의 문장 구성을 규정하는 규칙	단어의 의미와 단어들 간의 관계를 이해함	단어의 의미와 단어 간의 관계를 사용함
내용	의미론	의미를 규정하는 규칙	문구와 문장을 이해함	문구와 문장 내에서 문법을 사용함
사용	화용론	사회적 상황에서의 언어의 사용과 관련된 규칙	사회적 또는 상황적 단서를 이해함	다른 사람에게 영향을 미치기 위하여 언어를 사용함

- 전문가들은 장애를 일으키는 원인론에 따라 1차 언어장애와 2차 언어장애로 분류하기도 한다.

- 1차 언어장애: 지능, 청각, 신경학적 손상은 존재하지 않지만 언어습득과
발달에 문제가 있는 경우
- 2차 언어장애: 지적장애, 청각장애, 자폐범주성장애 등 기타 장애로 인하여
2차적으로 언어습득 및 발달에 문제가 있는 경우
- 언어장애 아동의 언어 발달 순서는 다른 <u>일반아동과 동일한 순서로 나타나지
만 습득 속도가 느리다.</u>
- 일반적인 언어장애의 유형에는 구어의 결여, 질적으로 다른 언어, 지연된 언어
발달, 중단된 언어발달 등 네 가지가 있다.

▌ 미국언어청각협회 언어장애의 유형

유형	정의	원인 및 관련 상태
구어의 결여	3세가 될 때까지 언어를 이해하거나, 자발적으로 사용하는 증거가 나타나지 않음	• 선천적/발달 초기에 발생한 농 • 뇌손상/중도 지적장애/자폐성장애 • 중도 정서장애
질적으로 다른 언어	특정 발달 단계에서 장애가 없는 또래와 비교할 때 언어가 다름 의사소통을 위한 의미와 유용성이 거의 없거나 전혀 없음	• 청각적 자극을 이해하지 못함 • 중도 정서장애 • 학습장애 • 지적장애/자폐성장애 • 청각장애
지연된 언어발달	언어발달이 전형적인 단계를 거치기는 하지만 동일 연령의 또래들에 비하여 지나치게 지체됨	• 지적장애 • 언어 경험과 자극의 결여 • 청각장애
중단된 언어발달	언어발달이 시작된 후에 질병, 사고 및 기타 손상에 의하여 중단되고 언어장애가 나타남	• 후천적 청각장애 • 산소결핍, 신체적 손상, 감염에 의한 뇌손상

2 의사소통장애의 원인

일반적으로 신체의 특정기관이나 일부분의 손상, 기능부전, 이상형성에 의해서
나타나는 구어장애는 기질적인 것이다. 그러나 대부분의 의사소통장애는 기질적
요인보다는 기능적 장애로 분류된다. 기능적 의사소통장애는 신체적인 조건으로
생기는 것이 아니며, 그 원인은 분명하게 알려지지 않고 있다.

1) 기질적 요인

- 중추신경계나 입, 후두 등에 손상을 가져오는 질병이나 사고에 의한 것들이다.
  → 출산 전부터 모든 시기에 걸쳐 발생 가능하다.
- 손상이 발생되면 시기와 관계없이 비정상적인 반사운동이나 운동기능의 장애를 보이기도 한다.
  → 정상적인 말 산출에 필요한 움직임이 어렵다.
- 감각장애나 환경과의 제한된 시·청각적 상호작용을 보이기도 한다.
  → 실어증은 뇌 손상에 의해 나타나며, 만성적 중이염도 청각손상을 일으켜 언어발달에 심각한 영향을 주는 원인이 된다.

2) 기능적 요인

- 원인을 알 수 없는 말/언어장애의 요인을 의미한다.
- 언어적 자극이 부족하거나 적절한 경험이 제공되지 않는 등의 환경적 요소도 원인이 된다.
  - 너무 많은 말을 듣거나 언어모델이 없는 경우
  - 의사소통의 시도가 벌을 받게 되거나 무시되는 경우
  - 여러 요소로 인해 적절한 언어발달이 이루어지지 않는 경우
- 아동기 전반에 걸친 환경적 요소는 적절한 말과 언어 기술을 통한 의사소통 능력의 발달을 촉진하기도 하고 저해하기도 한다.

3 의사소통장애 아동의 특성

1) 언어적 특성

구어에 문제가 있는 아동들은 읽기와 쓰기 모두에서 어려움을 겪을 수도 있다. 다음은 수용언어와 표현언어에서 의사소통장애 아동들이 보이는 언어적 특성이다.

(1) 수용언어

• 질문에 적절하게 반응하지 못하고, 구두 지시 따르기를 어려워한다.

• 추상적으로 생각하지 못하거나 관용구에 포함된 추상적인 개념을 이해하지 못한다.

• 말로 설명해 준 내용 중 관사와 같이 덜 구체적인 단어나 조동사 및 시제를 나타내는 단어들을 놓친다.

• 말로 설명한 이야기의 순서를 잘 기억하지 못하거나, 유머나 은유적인 표현을 이해하기 어려워한다.

• 비슷한 소리의 글자를 혼돈하거나 단어의 소리나 음절의 순서를 바꿔서 이해한다.

• 양, 기능, 크기 비교, 시·공간적 관계를 나타내는 개념을 이해하기 어려워한다.

• 중문이나 하나 이상의 종속절을 지닌 복합문을 이해하기 어려워한다.

(2) 표현언어

• 부정확한 문법을 사용하고, 정확하게 설명하지 못한다.

• 말을 할 때 자주 멈칫거린다('있잖아, 저기, 음' 등의 주저하는 말을 자주 사용).

• 주제를 이것저것 바꾸면서 말하고, 제한된 어휘를 사용한다.

• 정확한 의미를 전달하기 위한 적절한 단어를 찾기 어려워한다.

• 사회적 언어 사용이 빈약하다(특정 상황에 맞도록 의사소통 스타일을 변화시키지 못하며, 대화가 끊어질 때 회복시키지 못하고, 대화의 주제를 유지하지 못함).

• 질문하는 것을 어려워한다.

• 대화 중 동일한 정보를 반복해서 말한다.

• 추상적이거나 시·공간적 개념에 대하여 말하기 어려워한다.

2) 지능 및 학업성취

• 말이나 언어 문제를 보이는 의사소통장애를 지닌 아동은 지적 능력이나 성취도 평가에서 평균보다 낮은 점수를 보이기도 한다.

→ 그러나 의사소통장애를 지닌 많은 아동들은 지적장애나 학습장애, 기타 장애를 복합적으로 지니고 있기 때문에 꼭 의사소통장애로만의 결과라고 보기 어렵다.
- 의사소통상의 문제가 단어 인지력이나 독해력, 연산 능력 등과 같이 거의 모든 교과 학습에 필요한 기술 습득에 방해가 된다.
  - 말장애: 학업성취에는 영향을 미치지 않으나 또래와의 상호작용에 영향을 미친다.
  - 언어장애: 인지 발달 및 학업 성취에 부정적인 영향을 미친다.

3) 사회-정서적 특성
- 의사소통장애가 있는 아동들은 학교생활과 사회적 발달에서 많은 어려움을 겪는다.
- 타인과의 의사소통에서 수동적인 역할을 하는 경우가 많고, 먼저 대화를 시작하는 것도 어려워한다.
- 또래에게 무시되거나 낮은 사회적 지위를 보이게 된다.
- 말장애 아동은 낮은 자존감, 좌절과 분노, 적대감, 위축행동을 보이기도 한다.
- 언어장애 중에서도 화용론적 사용에 어려움을 지닌 아동은 문제해결 기술 발달에 부정적인 영향을 받게 된다.

> 의사소통의 어려움은 사회성 기술 부족을 초래하고, 이로 인해 문제행동의 발현으로 연결되기 쉽다.
> → 일반아동에 비해 행동문제를 일으킬 위험이 더 높고, 이 때문에 많은 아동들이 정서·행동장애로 진단되기도 한다.

4 의사소통장애 아동 교육지원
교사는 학급에 통합되어 있는 의사소통장애 아동을 위해 일부러 교실 환경이나 기존의 수업 운영 방식을 크게 변화시킬 필요는 없다. 일반 학급에 통합된 장애 아동은 말이나 언어상의 문제를 지니고는 있지만 대체적으로 일반교육의 모든 교육과정에 참여할 수 있는 능력을 지니고 있다. 교사는 이러한 아동을 위해서 '사회적인 수용'과 '말/언어 기술의 촉진' 두 가지 측면에 관심을 기울여야 한다.

1) 수용적인 학급 분위기 조성

• 환경 조성하기: 시간에 쫓기거나 긴장감을 느끼지 않도록 편안한 환경을 조성하도록 노력한다.

• 말할 때 관심 보이기: 말장애를 지닌 아동이 이야기할 때 교사는 온전한 관심을 보이면서 이야기를 들어야 하며, 특히 학급의 다른 아동들이 잘 듣고 있는지 주의를 기울인다. 아동의 표현에 문제가 있다고 해서 말하는 내용 자체를 무시해서는 안 된다.

• 실수 허용하기: 교사는 아동의 말실수에 대해서 비판하지 않는다. 대신 교사는 아동이 한 말을 반복함으로써 정확한 말을 시범 보일 수 있다. 예를 들어, 아동이 "이건 느리타 버선이에요."라고 말할 때 교사가 "그래, 맞아. 이 버섯의 이름은 느타리 버섯이지."라고 반응해 주는 것이다.

• 말의 내용에 관심 보이기: 교사는 아동의 말실수에 대하여 관심을 보이지 않아야 한다. 교사가 아동의 잘못된 발음이나 유창성의 문제에 관심을 보이기보다 아동이 말하고자 하는 내용에 관심을 보인다면 학급의 또래들은 교사와 같이 행동할 가능성이 높아진다. 이는 유창성장애를 지닌 아동에게 특히 중요한데, 그 이유는 유창성장애의 경우 관심을 보이면 문제가 더 심각해지기 때문이다.

• 또래의 이해 증진: 학급 또래들이 아동의 말실수에 대하여 웃거나 놀리지 않도록 주의를 기울여야 한다. 교사는 이러한 행동이 부적절한 행동임을 분명히 가르쳐야 한다. 다른 사람의 말실수를 놀리지 않도록 학급 규칙으로 정할 수도 있다.

• 다양한 활동으로 말하기 연습하기: 의사소통의 상황을 변화시키는 것만으로도 말을 더듬는 아동의 말하기 기술을 향상시킬 수 있다. 예를 들어, 노래하기, 다함께 큰 소리로 읽기, 속삭이기, 음률의 변화 없이 말하기, 목소리의 높낮이를 다양하게 변화시키기, 박자 맞추는 기계에 맞추어 말하기 등의 활동을 통하여 말을 더듬는 문제가 감소하거나 사라질 수도 있다.

- 집단 구성하기: 소집단이나 1:1 짝짓기를 통해서 의사소통 기술을 연습할 기회를 충분히 제공한다.
- 인내심 가지기: 의사소통의 문제를 지닌 아동 중에는 말하는 속도가 매우 느리고 힘들어하는 경우가 많다. 특히 말을 더듬는 아동은 한 문장을 완성하는 데 오랜 시간이 걸리며, 뇌성마비를 가진 아동은 매우 힘들게 각 단어를 발성한다. 또 의사소통판 등의 보조도구를 사용하는 아동은 말할 내용을 선택하는 데 시간이 걸린다. 따라서 <u>교사는 조급함을 보여선 안 된다.</u> 아동이 빨리 말하려고 서두르다가 오히려 더 느려지는 역효과가 나거나, 문장을 대신 마무리해 줄 생각으로 도움을 주는 것이 오히려 아동에게 좌절감을 줄 수 있기 때문이다.

2) 말을 활용한 의사소통 기술 촉진

- 교사는 아동이 하루 일과 전체에 걸쳐 말을 통한 의사소통 기술을 연습할 수 있는 기회를 충분히 제공해 주어야 한다.
- 말을 통한 의사소통의 연습은 국어, 수학, 사회 등 거의 모든 과목에서 진행되어야 한다.
- 점심시간이나 휴식시간은 의사소통장애 아동이 또래 친구와의 교류를 통해 사회성 발달을 증진시킬 수 있는 자연적인 기회를 제공 받을 수 있는 시간이다.
- 의사소통 기술을 연습할 수 있는 기회를 자연스러운 일상생활 속에서 제공한다.
  - 아동의 필요를 미리 예측해서 먼저 도와주지 않기
  - 흥미 있는 상황 제공하기
  - 예기치 못한 상황 제공하기
  - 도움이 필요한 상황 제공하기
  - 다른 사람에게 정보를 전달해야 하는 기회 제공하기
  - 선택해야 할 기회 제공하기

교사는 아동으로부터 가장 중요한 모델의 역할을 수행하는 위치에 있기 때문에 항상 적절한 억양과 분명한 발음으로 유창하게 말하도록 주의를 기울여야 한다.
→ 교사는 자신의 말 속도를 조절할 수 있어야 한다. 문장의 길이나 복잡한 정도도 조절

할 수 있어야 하며, 한 번에 제시하는 지시의 수도 조절할 수 있어야 한다. 또한 학급의 또래도 이들에게 모델로 역할 할 수 있음을 인식하고 적절한 말의 시범자가 될 수 있도록 관심을 기울여야 한다.

3) 언어 기술 교수

언어장애 아동 중에는 어휘가 부족한 경우가 많으므로 특별히 어휘 발달에 신경을 써주어야 한다. 이들은 교사나 또래가 사용하는 어휘에 익숙하지 않을 수도 있고, 또래에게서 기대되는 수준으로 생각을 표현하지 못할 수도 있다. 교사는 이러한 아동의 수용언어와 표현언어의 발달을 도와주어야 한다.

- 아동이 이해하지 못하는 단어에 대해 교사에게 질문하도록 가르친다.
- 전치사나 동사 등의 단어는 단어만으로는 의미를 가르치기 어렵기 때문에 단어의 의미를 직접 시범 보이면서 가르친다.
- 각 단어에 대하여 정의와 설명과 보기를 함께 활용해서 가르친다. 예를 들어, '보관함'이라는 단어를 가르칠 때 '무엇인가를 넣어 둘 수 있는 통'이라고 정의하여 설명한 후 실제로 무엇인가를 보관할 수 있는 통과 그렇지 않은 사물의 예를 보여 주면서 가르친다.
- 단어의 의미를 나타내는 다양한 보기를 사용해서 가르친다. 예를 들어, '먹는다'라는 단어를 가르칠 때 '사과를 먹는다' 한 가지 보기만을 사용하는 것보다는 '밥을 먹는다', '과자를 먹는다', '사탕을 먹는다', '약을 먹는다' 등의 여러 가지 보기를 함께 사용하는 것이 좋다.
- 모든 교과목 시간에 어휘를 가르친다. 사회나 과학 과목의 새로운 어휘나 새로운 수학 용어 등을 가르친다.
- 잘 모르는 단어를 접했을 때 사전(또는 그림사전)을 사용하도록 가르친다.
- 새로운 단어를 가르칠 때 가능하다면 실제 자연적인 상황을 이용한다. 실제 상황을 조성하지 못할 때에는 가상 환경이나 역할놀이 등을 이용한다.
- 언어 발달을 촉진할 때에는 이해력과 표현력을 모두 가르친다. 즉, 새롭게 학습한 형태(문법), 단어(내용), 사용(기능)을 이해하고 표현할 수 있게 한다.
- 하루 일과 전체를 통하여 아동이 새롭게 배운 어휘를 사용하도록 충분한 연습

기회를 제공한다.

- 아동이 한 말을 더 확장하거나 정교화시킬 수 있도록 격려한다(예: 정말 재미있구나. 어디 좀 더 말해 볼래? 좀 더 자세히 설명해 줄래? 그래서 어떻게 되었니?).

언어 기술 교수 방법은 언어장애를 지닌 아동에게 필수적으로 권장되는 방법이기도 하지만, 장애의 유무와 상관없이 모든 학령기 아동에게 유익한 방법이다. 교사는 적절한 문법의 사용을 시범 보이고, 말하기 기술과 듣기 기술을 확장시켜 준다. 또한 언어 기술을 필요로 하는 활동과 숙제를 적절히 수정해 주어 참여도를 높인다.

4) 특수교육적 중재

(1) 보완대체의사소통(AAC: Augmentative and Alternative Communication)

- 말이나 글을 사용하여 의사소통 할 수 없는 아동들의 문제를 감소시키고 언어능력을 촉진하기 위해 사용하는 말(구어) 이외 여러 형태의 의사소통 방법을 말한다.
  - → 말의 발달이 늦거나 조음의 문제가 있는 아동의 말을 보완(augment)하여 타인과의 의사소통 상호작용을 보충·향상·지원하거나, 성대 수술이나 조음기관의 마비로 인해 발음을 할 수 없는 경우에는 말 대신 의사소통 도구 등 다른 대체적인(alternative) 방법을 통합적으로 사용하는 방법을 포함한다.
- 말하기와 쓰기에 심한 장애를 보이는 아동의 의사소통을 지원해 주고 향상시킬 수 있도록 개인의 의사소통에 사용되는 상징(symbol), 보조도구(aids), 전략(strategies), 기법(techniques) 등에 관한 총체적인 접근방법이다.
  - 상징이란 실제 사물, 제스처, 수어, 사진, 그림, 표의문자, 낱말, 점자 등을 말한다.
  - 보조도구란 메시지를 전달하거나 받는 데 사용되는 의사소통 책, 의사소통판, 음성출력도구 등을 말한다.
  - 전략은 의사소통 기술을 신장시키기 위한 효과적인 방법을 말한다.
  - 기법이란 의사소통 도구나 상징을 이용하여 의사를 표현하는 방법으로 직접 선택하기, 눈 응시, 스캐닝 방법 등을 말한다.

- 보완대체의사소통 도구는 교사가 간단하게 제작해서 사용할 수 있는 단순한 형태(no technology)부터 비교적 조작이 간편하거나(low technology) 고도의 기술(high technology)이 적용된 시판되는 상품에 이르기까지 매우 다양하다.
- 시판되는 복잡한 도구를 사용하게 되는 경우에는 특수교사나 언어치료사와의 협력을 통해 아동의 의사소통을 적절하게 지원해 줄 수 있어야 한다.

보완대체의사소통을 이용하게 되면 아동의 언어발달의 향상을 기대할 수 있고, 원활한 의사소통으로 인해 학습효과의 증진을 기대할 수 있다. 또한 아동이 자신의 뜻을 표현하고 사람들과의 대화를 통해 사회참여도가 높아질 수 있다.

(2) 언어치료사와의 협력

- 의사소통장애가 심각하거나 교사의 도움만으로는 충분한 도움을 받을 수 없는 아동은 특수교사와 언어치료사의 전문적인 도움을 받게 된다.
  - → 특수교사나 언어치료사에 의한 개별화된 특수교육 및 관련서비스 프로그램을 제공받고 함께 협력한다.

우리나라의 경우 많은 장애아동 부모들은 사설언어치료실, 전문재활병원, 복지관 등의 언어치료 서비스를 활용하고 있다.
→ 일부 지역에서는 특수학교 내에 언어치료사가 배치되어 방과 후 수업의 형태로 언어치료가 이루어지는 곳도 있다. 또 지역별로 교육청 특수교육지원센타에 언어치료사를 배치하여 해당 지역의 학교로 순회교육을 통해 의사소통장애 아동의 교육을 지원하고 있다.

CHAPTER 09

학습장애 아동

학습장애 아동은 지적장애가 없음에도 불구하고 학업성취 영역에 있어 매우 심각한 어려움을 보이는 아동을 지칭한다. 학습장애 아동은 신체적으로는 아무 이상이 없는 것처럼 보이지만 학교에서 특정 기초 기술 및 과목을 배우는 게 쉽지 않다.

그러나 읽고 쓰는 데 어려움이 많은 학습장애 아동이라고 해도 교사가 읽어주는 어느 특정 주제의 내용에 대해 듣고 얼마든지 또래 아동들과의 토론에 참여할 수 있다. 즉 시각장애 아동과 마찬가지로 <u>청각적 듣기를 통한 학습에는 또래 일반아동들과 별 차이가 없다</u>. 학습장애 아동은 일반적으로 일반학교의 일반학급 또는 특수학급에서 교육받는 경우가 대부분이다. 따라서 일반 교사는 통합학급의 담임교사로서 특수학급의 교사와 협력하여 학습장애 아동에게 적절한 교육적 서비스를 제공할 수 있어야 한다.

1 학습장애의 정의

1) 학습장애의 정의

- 의사들은 미국정신의학회(APA: American Psychiatric Association)가 정의한 '특정 학습장애(specific learning disorders)'라는 용어를 주로 사용한다.
  - → 모든 영역이 아닌 몇몇 특정 교과에서 심한 결함이 편중되어 나타난다는 의미를 담고 있다.

- 학습장애 정의에 있어서 보편적으로 수용되는 것은 없다.

■ 학습장애에 대한 정의

구분	정 의
장애인 등에 대한 특수교육법	•개인의 내적 요인으로 인하여 듣기, 말하기, 주의집중, 지각, 기억, 문제해결 등의 학습기능이나 읽기, 쓰기, 수학 등 학업 성취 영역에서 현저하게 어려움이 있는 사람
한국특수교육학회	•개인 내적 원인으로 인하여 일생동안 발달적 학습(듣기, 말하기, 주의집중, 지각, 기억, 문제해결 등)이나 학업적 학습(읽기, 쓰기, 수학 등) 영역들 중 하나 이상에서 심각한 어려움을 겪는 것을 말한다. 이 장애는 다른 장애조건(감각장애, 지적장애, 정서장애 등)이나 환경실조(문화적 요인, 경제적 요인, 교수적 요인 등)와 함께 나타날 수 있으나, 이러한 조건이 직접적인 원인이 되어 나타나는 것은 아니다.
미국 학습장애 연합회 (NJCLD)	•학습장애(learning disabilities)란 듣기, 말하기, 읽기, 쓰기, 추론하기 및 수학 능력의 습득과 사용에 있어서의 심각한 어려움으로 나타나는 다양한 구성의 장애 집단을 칭하는 일반적인 용어이다. 이러한 장애는 개인 내적으로 발생하며, 중추신경계의 기능장애로 인한 것으로 추정되고 있고, 일생에 걸쳐 나타날 수도 있다. 자기조절 행동, 사회적 지각, 사회적 상호작용 등에 있어서의 문제가 학습장애와 함께 나타날 수도 있지만, 이러한 특성만으로는 학습장애로 판별되지 않는다. 학습장애는 기타 장애(예: 감각장애, 지적장애, 심각한 정서장애)나 외부적인 영향(예: 문화적 차이, 부적절하거나 불충분한 교수)과 동시에 나타날 수도 있지만, 이러한 기타 장애나 외부적인 영향의 결과에 의해서 발생하는 것은 아니다.

- 여러 정의를 종합해 보면, 학습장애 아동은 <u>평균적인 지적 기능을 지니고 있으면서도 특정 기술의 학습에 심각한 문제를 보이는 아동</u>을 의미한다.
- 학습장애 아동은 다양한 행동적 특성을 보이는데, 이러한 다양한 특성은 개별 아동에 따라서 매우 다르게 나타나면서 또한 공통적인 양상을 보이기도 한다.
  → 교사는 모든 학습장애 아동의 행동적 특성이 동일하게 나타나는 것이 아니라는 사실을 인식하고 <u>학습장애 아동 간의 다양성을 반드시 이해</u>해야 한다.
- 학습장애를 지닌 아동과 단순한 학습부진을 보이는 아동을 구분하는 것은 쉽지 않다.
  → 학습장애와 학습부진은 분명하게 서로 다르다는 사실을 인식해야 한다.
  → 일반적으로 학습장애를 지닌 아동은 <u>단순한 학습부진 아동보다 지능검사</u>

에서는 더 높은 점수를 받지만 학업성취도 검사에서는 더 낮은 점수를 받는 경향이 있다.

그동안 무수한 학습부진아에 대한 개념들이 제안되었지만, 모두가 합의할 수 있는 하나의 개념은 없다. 따라서 학습부진 관련 개념(학습장애, 학습지진 등)을 엄격히 구분하는 학자들이 있는 반면, 학습부진의 한 원인으로 학습장애를 보거나 학습부진의 범주 속에 학습지진을 포함시킬 것을 주장하는 학자들도 있다.

▎ 학습장애와 학습부진 설명의 차이

	학 습 장 애	학 습 부 진
중추 신경계	반드시 있다.	가질 수도 아닐 수도 있다.
유전과 환경	중추신경 기능장애로 유발된 것이므로 환경적 요인과 복합되어 문제가 될 수 있으나 그것 자체가 원인이 되지는 않는다.	장기결석, 태만, 학습 동기 상실 등의 환경적·심인적 요인까지 모두 포함된다.
수반장애	다른 장애로부터 기인된 학습문제는 배제한다.	1차적인 장애에 의한 학습문제를 포함한다(개인의 외적·내적 요인이나 영향에 의하여 자신의 성취 잠재력에 도달하지 못한다).
학습결함의 범주	잠재능력과 실제 성취수준의 불일치 정도를 학습결함의 범위로 본다. (절대적 학습부진)	절대적 학습부진뿐 아니라 상대평가, 즉 특정집단의 평균이나 준거 등에 따라 다르게 평가되는 상대적 학습부진도 모두 포함한다.

▎ 학습부진, 학습지진, 학습장애아동의 비교

구분	용어설명	지적능력	공통점
학습부진아 (underachiever)	• 평균 또는 평균 이상의 지능을 가지고 있으며, 신경계 이상은 없으나 정서문제나 사회·환경적인 원인들 때문에 학업성취도가 떨어지는 아동 • 내·외적인 요인이 제거되거나 치료적인 개입을 통해 교정되면 정상학습능력과 학업성취도를 보일 수 있음	평균, 혹은 그 이상	학업성취도 낮음
학습장애아동 (children with learning disabilities)	• 평균 또는 평균 이상의 지능을 가지고 있으며, 정서 및 사회, 환경적 문제 등 내·외적 원인이 없음에도 불구하고 학업성취도가 떨어지는 아동 • 대개 신경학적 기능장애로 인하여 유발되는 것으로 추정	평균, 혹은 그 이상	

구분	용어설명	지적능력	공통점
학습지진아 (slow learner)	• 선천적 지적능력의 결핍으로 인해 학습 진보가 떨어지는 아동 • 일반아동집단의 하위 15~20%에 해당되며, 경도지적장애 아동과 비슷한 학습상 문제를 가지나, 그 정도가 가벼움	약 70~85	학업성취도 낮음
지적장애 (Intellectual disability)	• 평균보다도 심각하게 낮은 지적 기능과 적응 행동에 심각한 제한이 따라 독립적인 일상생활이 어려운 아동	약 70 이하	

2) 학습장애의 판별

• 학습장애 아동의 진단과 선별이 중요한 이유는 무엇보다도 학습 실패의 원인을 명확히 규명하여 적절한 중재 방안을 고안하는 데 기여할 수 있기 때문이다. 이렇게 학습장애 아동들을 위해 개발된 수많은 교수전략들은 학습장애 아동뿐만 아니라 교육 전반에 걸쳐 유용하게 사용되고 있다.

(1) 학습장애 진단 평가 도구

• 지적 능력을 평가하기 위한 도구로는 K-WISC-V, K-ABC, KISE-KIT 등이 있고, 학력 평가 도구로는 기초학력 평가(KISE-BAAT), 기초학습기능수행 평가 체제(BASA; Basic academic skills assessment) 등이 있다.

• 「장애인 등에 대한 특수교육법」에서는 학습장애를 진단하는 검사로 지능검사, 기초학습기능검사, 학습준비도 검사, 시지각 발달검사, 지각운동발달검사, 시각·운동 통합발달검사 등을 제안하고 있다.

(2) 불일치 접근법(discrepancy model)

• 아동의 현재 학업성취 수준과 잠재적인 지적 능력 간에 심각한 차이가 있을 경우 이를 학습장애로 보는 방식이다.

• 심각한 차이란 표준화된 지능검사에서 측정되는 잠재력과 실제로 나타나는 성취도 간에 차이가 있음을 말하는 것으로, 능력-성취 불일치(IQ-achievement discrepancy)라는 용어로 표현된다.

• 일반적으로 지능검사와 학업성취도 검사에서 2년 이상의 차이가 있는 경우 학

습장애를 지닌 것으로 진단되어 왔다.

능력-성취 간 차이를 통한 판별 기준은 그 적용에 있어서 여러 가지 문제를 지닌 것으로
지적되어 왔다.
→ 초등학교 저학년의 경우 읽기나 수학 등에서 아직까지 많은 내용을 성취하지 못하였기
  때문에 지능과 성취도 간의 차이를 발견하는 일 자체가 어렵다.
→ 초등학교 3학년 학생이 2년 지체된 경우와 중학교 3학년 학생이 2년 지체된 경우는
  그 심각성에 있어서 차이가 크다.

• 미국정신의학협회(APA: American Psychiatric Association)는 2013년 개정된
  DSM-5에서 학습장애를 학문적 기술 습득을 방해하는 신경발달장애로 간주하
  였고, 이전과 달리 더 이상 학습장애 진단 시 불일치 모델을 사용하지 않는다.

(3) 중재-반응모델(RTI: response to intervention)

• 아동이 학업 성취 수준에서 향상을 보이지 않을 때 <u>점점 더 강도를 높이는 다
  양한 수준의 교수 중재를 제공하는 과정</u>을 거치면서 장애를 지녔는가를 결정
  하는 모델이다.
• <u>다단계 접근</u>(예: 일반학급에서의 교수 → 소집단에서의 교수 → 아동의 요구에 초점을
  맞춘 집중적인 개별화된 교수)을 통하여 과학적으로 입증된 연구 기반의 교수적
  실제를 적용했음에도 불구하고 성취의 변화가 나타나지 않는 경우에만 학습장
  애로 판별된다.

이 접근은 1995년 Fuchs등이 조작적으로 정의하여 주창한 이래, 2000년도 초기부터 미
국에서는 많은 지지를 받고 있다. 절차는 일단 특별한 문제가 없는 평상시의 통합교육 장
면에서 각 학생이 어떻게 반응하는지를 <u>교육과정중심 측정</u>을 통해 점검해 나간다.

• 교육과정중심 측정
  − 교사가 실제로 가르친 내용을 대상으로 간편하게, 그렇지만 타당도와 신뢰
    도를 어느 정도 갖추어 측정한 일종의 형성 평가 형태를 말한다.
  − 반응도는 반응속도와 학업성취 수준 등 두 가지 측면이 고려된다.
  − 첫 단계에서 또래에 비해 심각하게 반응도가 낮은 아동에게는 2단계에서

효과적인 수업을 일정 기간(보통 15~20주 정도) 체계적이고 집중적으로 투입하면서 그 반응도를 역시 교육과정중심 측정방법을 사용하여 추적해 나간다.

- <u>효과적인 수업</u>이란 경험적으로 그 효과가 어느 정도 증명되고, 통합학급 교사가 매일매일 감당할 수 있는, 그러면서도 대상 아동을 위해 집중적이고 체계적인 교수적 노력이 가미된 교육을 의미한다.
- 핵심은 포착된 학습부진이 통합학급에서의 효과적인 교수에 의해 해결될 수 있을 만큼 경미한 것인가, 아니면 그 이상인가를 확인하는 것이다.
- 3단계에서도 효과적인 중재에 대한 반응의 정도가 동등한 지적 능력을 지닌 또래 아동들에 비해 심각하게 낮을 경우 학습장애로 규정한다.

▎Fuchs의 3단계 중재반응모형

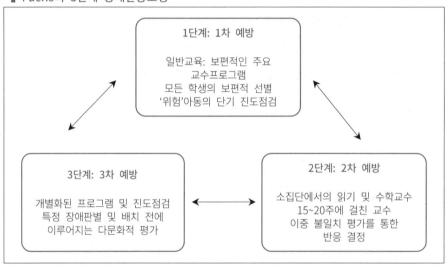

3) 학습장애의 분류

(1) 발달상 학습장애/학업상 학습장애

- 발달상 학습장애: 유아기부터 취학 전 발달과정 동안 일어나는 장애로, 학업성취에 필요한 선행기술의 결함으로 인해 학습과 관련된 기본적인 영역에서 현저한 어려움을 겪는다. 발달상 학습장애는 주의집중장애, 기억장애, 지각장애,

사고장애, 구어장애 등으로 분류한다.

█ 발달상 학습장애

주의집중장애	• 주의집중은 학습을 위한 필수적인 선행조건으로, 학습 시에 일어나는 다양한 자극 중 필요한 자극을 선별해내는 능력을 말한다.
기억장애	• 단기기억, 장기기억 등의 능력 결함으로 인해 보고 듣고 경험한 것을 기억하지 못하는 것을 말한다.
지각장애	• 지각은 감각을 인지하고 변별하며 해석하는 것을 뜻한다. 즉 지각장애란 단어나 그림 등을 인지하고 해석하는 데 어려움이 있는 것을 말한다. 이러한 장애를 가진 아동은 그림이나 숫자의 의미에 따라 반응하고 자신이 본 것을 이해하는 속도가 느릴 수 있다.
사고장애	• 사고에는 판단, 비교, 계산, 추리, 평가, 비판적 사고, 문제해결 및 의사결정 등의 활동이 포함된다. 이러한 사고과정의 개념과 단편적인 지식을 조직하여 목표를 달성하거나 새로운 이해 수준에 도달하기 위한 능력에 어려움을 겪는 것을 말한다.
구어장애	• 구어를 도구로 하여 다른 사람의 의사를 수용하거나 통합하지 못하며, 자신에 대해 표현할 수 없는 것을 말한다.

• 학업상 학습장애: 학령기 학업 성취 과정에서 요구되는 읽기, 쓰기, 수학능력 등에 어려움을 느끼는 경우이다. 아동이 학습 잠재력을 가지고 학교에서 정상적인 학습을 경험했음에도 불구하고 학년 수준에 비례하여 성취수준이 현저하게 떨어지는 것을 말한다. 학업적 학습장애는 읽기학습장애, 쓰기학습장애, 수학학습장애 등으로 분류한다.

█ 학업상 학습장애

읽기학습장애	• 학습장애 하위영역 중 가장 많은 경우로 학습장애의 60~70%를 차지한다. 음운 인식, 유창성, 독해 등의 문제로 문자 매체를 읽고 의미를 파악하는 데 곤란을 겪는 것을 말하며, 대표적인 읽기학습장애로는 난독증이 있다.
쓰기학습장애	• 내적 요인이나 운동 기능의 통제, 지각, 시기억 및 기능의 우세성을 고려하지 않은 손의 선택(오른손잡이, 왼손잡이) 등으로 인하여 쓰기가 곤란한 경우를 말한다. 또한 다른 사람이 읽을 수 없을 정도의 난필을 쓰는 경우, 그리고 누구나 한 번씩은 어려움을 겪고 습득한 취학 전·후기의 받아쓰기 등과 같은 학습에 어려움을 지니는 것을 말한다.
수학학습장애	• 기본적인 계산 기능인 덧셈, 뺄셈, 곱셈, 나눗셈 등의 학습과 추론 능력, 언어 능력을 필요로 하는 수학교과 영역의 학습에 있어서 장애를 가지며, 언어문제, 주의집중 문제, 시·공간 변별, 감각 통합 문제 등에 의해 일어나는 것으로 보고된다.

(2) 언어성 학습장애/비언어성 학습장애

• 언어성 학습장애: 좌반구의 기능장애로 인해 언어능력에 심각한 문제를 갖는
상태를 말한다. 말하기, 듣기, 읽기 및 쓰기 등의 네 가지 언어 양식은 상호연
관적인 특성을 가지는데, 이 중 하나라도 문제가 생기면 다른 언어 양식의 습
득을 방해할 수 있다.

→ 예를 들어, 구어상의 음운인식에 문제를 가진 아동의 경우 향후 읽기, 쓰
기 기술을 습득하는 과정에서 어려움을 가질 가능성이 크다.

• 비언어성 학습장애: 뇌의 우반구 체계 결함에서 비롯되는 것으로 언어성 학습장
애와는 대조적인 특성을 나타내며, 일반적으로 언어성 지능지수보다 동작성
지능지수가 유의하게 더 낮게 나타난다.

2 학습장애의 원인

• 대부분 학습장애의 원인은 밝혀지지 않고 있다. 특히 학습장애를 일으키는 단
일 주요 원인을 알아내기란 거의 불가능한 것으로 여겨지고 있다. 학습장애의
유형이 다양하듯 원인도 다양하다. 세 가지 주요원인으로는 뇌손상, 유전, 환
경요인 등을 들 수 있다.

1) 뇌손상 및 뇌기능 장애

• 출생 전·후 및 출생 시에 얻게 된 뇌손상이나 뇌기능 장애로 추정하고 있다.

▌출생 시기별 뇌손상 및 뇌기능 장애의 원인

구분	원 인
출생 전	RH요인, 모체 내의 풍진과 질병 감염, 알코올이나 약물남용으로 태아의 신경계 발달지체, 산모의 영양 결핍이나 정서적 불안정 및 충격 등이 포함된다.
출생 시	산소 결핍 상태, 조산아와 미숙아 출산, 난산, 출생 시 의료 기구에 의한 부상 등이 포함된다.
출생 후	신생아 황달, 뇌진탕, 뇌염, 뇌막염, 고열, 탈수증, 영양실조 등이 포함된다.

- 최근에는 컴퓨터 단층촬영(CAT), 자기공명촬영(MRI), 기능성자기공명촬영(fMRI), 기능성자기공명분광법(fMRS), 양전자방출단층촬영(PET) 등의 기술을 이용해 뇌의 활동을 좀 더 정확하게 진단하고 있다.
  - → 두뇌의 기능 이상에 의한 신경학적 원인이 모든 학습장애 아동에게 적용되는 것은 아니다.

2) 유전

- 주로 학습장애를 가진 사람의 가계연구, 쌍둥이 연구를 통해 이루어졌다.
  - ─ 읽기와 구어/언어장애를 보이는 쌍둥이를 대상으로 한 연구들은 이란성 쌍둥이 집단보다는 같은 유전적 특성을 지니는 일란성 쌍둥이 집단에서 같은 장애를 가질 확률이 더 높은 것으로 보고되었다.
- 그러나 학습장애의 유전적인 원인을 조사하는 연구에 있어서 유전적인 특성과 환경적인 특성을 분리하는 것은 어려운 일이다.
  - → 부모가 학습장애를 지닌 경우 자녀 양육 과정에서 나타나는 장애의 영향 (예: 자녀에게 책을 읽어주는 비율이 낮음)을 배제할 수 없기 때문이다.

3) 환경적 요인

- 경제적으로 빈곤한 환경, 사회적·정서적·지적으로 빈약한 환경, 부적절한 영양 공급 등의 환경적인 불이익을 경험한 아동에게서 학습 문제가 나타날 확률이 그렇지 않은 아동들에 비해 더 크다.
  - → 그러나 이러한 학습 문제가 부적절한 학습 경험 때문인지 아니면 뇌손상이나 영양결핍과 같은 생물학적 요인 때문인지는 아직까지 확인되지 않고 있다.
- 다른 잠재적인 환경적 요인으로 교수의 질적인 문제가 지적되고 있다. 즉, 아동에 따라서는 교사의 부적절한 교수의 결과로 학습장애를 지닌 것으로 판별될 수도 있다는 것이다.
  - → 예를 들어, 학습장애로 진단받은 아동에게 <u>양질의 적절한 교수가 제공되었</u>

을 때 절반 이상이 더 이상 학습 문제를 보이지 않았으며 학교에서 성공적인 성취를 보였다고 보고한 연구들이 있다.

3 학습장애 아동의 특성

- 학습장애는 매우 다양한 특성을 지닌다. 그러나 학습장애 아동 모두가 이러한 특성을 다 보이는 것은 아니다. 어떤 아동은 여러 가지 특성을 동시에 보이는 반면, 또 어떤 아동은 한두 가지의 특성만을 보이기도 한다.
  → 또한 특정 영역에서 강점을 보이기도 한다.
- 학습장애의 이러한 특성은 유아기에서 성인기에 이르기까지 일생에 걸쳐 나타나는데, 이것은 장애 자체가 중추신경계의 기능 이상에 의한 것이기 때문인 것으로 이해되고 있다.

▌학습장애 아동이 보이는 보편적인 특성

학습 측면	사회성 측면	행동 측면
• 잠재력에 비해 낮은 학업성취 • 교육에 대한 무반응 • 가르치기 어려움 • 문제를 해결하지 못함 • 학습 능력의 불균형 • 수동적인 학습 스타일 • 빈약한 기초 언어 기술 • 빈약한 기초 읽기 및 부호 해독 기술 • 비효율적인 정보 처리 능력 • 일반화하지 못함	• 미성숙함 • 사회적으로 수용되지 못함 • 사회적 또는 비구어적 단서를 잘못 해석함 • 잘못된 결정을 내림 • 괴롭힘을 당함 • 사회적 결과를 예측하지 못함 • 사회적 전통(예절)을 따르지 못함 • 지나치게 순진함 • 수줍음, 위축, 불안정함	• 주의집중이 어려움 • 산만함 • 과잉행동 • 충동성 • 빈약한 협응 • 정돈되지 못함 • 동기가 결여됨 • 의존적임

1) 학업 특성

(1) 읽기의 어려움

- 학습장애 아동의 가장 흔한 특성은 읽기의 어려움으로, 학습장애로 진단되는 대부분의 아동이 읽기 영역에서 문제를 보인다. 1학년 때 읽기를 배우지 못한 아동들은 읽기뿐 아니라 일반 학과목도 점점 또래보다 뒤처지게 된다.

→ 학습장애 아동 중에는 한두 과목에서만 문제를 보이는 경우도 있지만 대부분의 경우 학과목 전반에 걸쳐 성취의 문제를 보이곤 한다.
- 학습장애 아동은 음운인식과 음소인식에서 상당한 어려움을 경험한다.
  - 음운인식(phonological awareness): 언어가 소리들로 이루어져 있다는 것을 이해하고 아는 것을 말한다.
  - 음소인식(phonemic awareness): 단어가 별개의 소리로 구성된다는 것을 알고 이러한 개별 소리 단위를 조작할 수 있는 능력을 말한다.

음소인식이 있는 아동은 다음과 같은 것을 할 수 있다.
- 단어를 만들기 위해 말로 소리를 합성할 수 있다(예: 'ㅂ + ㅕ + ㄹ' = 별).
- 단어의 초성, 중성, 종성의 소리를 구분할 수 있다(예: '곰'에서 초성 = ㄱ).
- 한 단어를 여러 소리로 분절할 수 있다(예: '고양이' = 고+양+이).
- 한 단어 내의 소리들을 대치할 수 있다(예: '사과' → '사자').

- 단어를 정확하게 읽지 못하거나, 정확하게 읽는 경우에도 이해력이 떨어질 정도로 느리게 한 단어씩 읽는 등의 문제를 포함한다.
- 읽기 이해력에서도 문제를 보일 수 있다.
  - 초등학교 저학년 때에는 이야기의 내용을 이해하지 못하고, 고학년이 될수록 교과의 내용까지도 이해하지 못하게 된다.
  - 일반적으로 초등학교 저학년 아동은 1~2년 정도의 지체를 보이며, 중학교에 진학해서는 기대치보다 약 3년 이상의 지체를 보인다.
- 난독증(dyslexia): 교정적인 도움을 필요로 하는 읽기 문제와는 차원이 다른 심각한 읽기 문제를 지닌 경우에 사용하는 용어로 수용 및 표현 언어, 구두 언어와 인쇄된 언어 모두에서 문제를 보이는 신경생물학적인 특정 학습장애를 의미한다.

(2) 쓰기의 결함

- 글자 쓰기, 맞춤법, 창의성, 본문 구조, 문장 구조, 단어 사용, 작문 등 모든 글쓰기 과정에서 어려움을 보인다.
- 대체로 문장이 아주 짧고 잘 정리되어 있지 않으며, 문장의 구조가 단순하고, 기계적인 실수를 많이 한다.

- 쓰기 과정을 잘 이해하지 못하기 때문에 쓰기를 계획하고 구성하고 작업하는 데 어려움을 보이며, 쓰기를 통하여 자신의 생각을 잘 나타내지 못하고, 쓴 글을 검토하는 데에도 어려움을 보인다.
- 쓰기 기술은 읽기 기술과 마찬가지로 음운인식 능력을 필요로 한다. 따라서 쓰기 문제와 읽기 문제 간에 연관성이 있는 것으로 추측되고 있지만, 어떤 학습장애 아동 중에는 읽기는 문제없으나 쓰기를 잘 못하기도 한다.

(3) 낮은 수학 성적

- 수학 개념 및 기술 영역에는 기본적인 수학 개념 알기(예: 일대일 대응), 사칙연산, 0의 개념, 분류, 자릿수 알기, 수학문제 풀기 등이 포함된다.
- 수학 문제를 보이는 모든 학습장애 아동이 동일한 문제를 보이는 것은 아니며, 개별적으로 독특한 유형의 문제를 보이곤 한다.
  - 계산 능력을 지니고 있으면서도 수리 추론을 하지 못하는 아동이 있는 반면, 문장제 문제는 잘 풀면서도 단순한 계산에서는 많은 실수를 보이는 아동도 있다.
  - 어떤 아동은 숫자 쓰기, 도형 그리기, 공간 개념, 연산, 문장제 문제 등에서 어려움을 보이는 반면, 다른 아동은 시간, 분수, 소수, 측정 등에서 어려움을 보이기도 한다.
  - 문제를 풀 수 있는 능력이 있으면서도 주어진 시간 내에 과제를 완수하지 못하기도 한다.

최근에는 학습장애 아동의 수학 문제가 숫자에 대한 음운론적 과정에 있어서의 결함이나 숫자의 의미를 이해하지 못하는 결과로 나타날 수도 있음이 강조되고 있다.
→ 즉, 수학 문제를 이해하기 위해서 요구되는 읽기 능력이 부족하고 문제가 내포하는 수학의 개념을 이해하지 못하기 때문이라는 것

2) 사회-정서적 특성

- 학습장애 아동은 누적된 학습 실패로 인해 낮은 자아개념을 보인다. 이것의 심

각성은 악순환을 형성한다는 점에 있다. 즉, 낮은 학업성취에서 오는 낮은 자아개념과 부정적인 <u>귀인</u>, 혹은 부정적인 자아개념은 또 다시 학습 성취에 부정적인 영향을 미친다.

- 행동하기 이전에 반성적 사고가 부족하고 충동적인 경향이 많아 전반적으로 인내심이 약하고 쉽게 좌절하는 경향을 보이기도 한다.
- 자신이 지닌 학습상의 어려움으로 인하여 좌절감을 경험하거나 또래로부터 거부당하는 경험을 하게 된다.
    - → 이로 인해 낮은 자존감과 빈약한 자아개념을 형성하게 되고, 결과적으로 <u>학습된 무력감</u>과 함께 여러 가지 사회·정서적인 문제를 보이게 된다.

낮은 자존감과 빈약한 자아개념이 우울증으로도 연결될 수 있어 교사는 각별한 관심을 가져야 한다.

3) 동기 및 귀인

- 동기(motive)는 자신의 행동에 활력을 주는 내적인 충동을 의미한다. 개인의 동기는 자신의 성취나 실패의 원인에 대한 스스로의 생각을 의미하는 귀인(attribution)과 직접적인 관련이 있다.
    - 내적 통제소(internal locus of control): 자신의 행동의 결과가 자신의 능력이나 노력 등 자신의 내부적인 요소에 의한 것이라고 믿는 경우
    - 외적 통제소(external locus of control): 자신의 행동의 결과를 행운 또는 교사의 행동 등 외부적인 요인에 그 원인이 있다고 생각하는 경우
- 대체적으로 학습장애 아동은 자신의 삶이 스스로의 능력이나 노력에 의해서가 아니라 외부적인 요소에 의해 통제된다고 믿는 경향이 강하다.
    - → 교사는 다양한 노력을 통해 이러한 문제를 극복할 수 있도록 도와주어야 한다.

외적 통제소를 지닌 아동은 계속되는 실패를 경험하면서 다른 사람에게 의존하게 되고 스스로는 잘할 수 없다고 생각하는 학습된 무력감(learned helplessness)을 갖게 되며, 더 이상 노력할 필요가 없다는 생각을 하게 된다.

4) 행동적 특성

- 어떤 학습장애 아동은 한 과제에 집중하기 어려워하거나, 지나치게 많이 움직이고 활동하는 등 과잉행동을 보이기도 한다.
- 정해진 시간 내에 과제를 수행하거나 완성하는 것을 어려워하며, 지시 따르기에 문제를 보이기도 한다. 또 일정시간 이상 한 가지 과제에 집중하지 못하며, 주변 자극으로부터 쉽게 방해를 받아 산만해지는 등의 행동 특성을 보이기도 한다.
  - → 학습장애 아동의 행동특성에 대해 설명할 때 주의집중장애(ADD: attention deficit disorder), 또는 주의력결핍 과잉행동장애(ADHD: attention deficit hyperactivity disorder)라는 용어가 자주 사용된다.

5) 지각적 특성

- 학습장애 아동은 시각, 청각, 촉각 등을 통하여 수용된 자극을 인식하고 식별하여 적절하게 해석하는 지각 능력의 결함으로 인해 정보처리에 어려움을 겪는다.
- 시각장애나 청각장애처럼 얼마나 정확하게 보고 들을 수 있는가 하는 감각능력의 문제가 아니라, 자극을 받아들이고 정리하고 해석하는 데 있어서의 결함을 의미한다.
  - → 시지각장애를 지닌 아동의 경우 퍼즐 맞추기나 도형을 기억하는 데 문제를 보이기도 하며, 글자를 거꾸로 읽거나(예: 'ㅏ'를 'ㅓ'로 읽거나, '6'을 '9'로 읽거나, '46'을 '64'로 읽음) 비슷한 글자를 혼동하기도 한다.
  - → 청지각에 문제가 있는 아동은 청각에 아무런 문제가 없음에도 소리 식별에 어려움을 보임으로써 언어 지시 따르기나 사회적 대화 및 상호작용에 문제를 보이기도 한다.

6) 인지적 특성

- 조직적으로 사고하는 능력이 결핍되어 있는 경우가 종종 있으며, 이로 인하여 자신의 생활을 계획하고 구성하는 데 어려움을 겪고 기억력에도 결함을 보인다.
- 또래에 비해 비효율적인 학습전략을 사용한다.
- 장기기억보다 단기기억, 작동기억에 문제를 보인다.
- 금방 읽거나 들은 내용을 반복하거나, 복합지시를 따르거나, 과제를 순서대로 수행하는 데 어려움을 보인다.
- 학습장애 아동의 인지 문제는 초인지 능력과 밀접하게 관련되어 있고 보편적으로 기억 · 인지 · 초인지 영역 모두에서 문제를 보인다.

4 학습장애 아동 교육지원

1) 통합교육을 위한 일반적 지침

- 일반적으로 <u>학습장애 아동을 가장 먼저 발견하는 사람은 일반학급의 교사인 경우가 많다.</u> 그러므로 교사는 학습장애가 의심되는 행동 특성에 대해 이해하여 적절한 시기에 전문적인 도움을 제공할 수 있어야 한다.

▌학습장애 아동을 위한 일반적 지침

구분	학습전략을 돕기 위한 일반적 지침
학령전기	• 언어적 지시를 짧고 단순하게 한다. • 내용 수준을 아동의 발달 수준에 맞춘다. • 의미를 분명히 이해시키기 위해 여러 가지 예시를 제공한다. • 자료가 새로운 것인 경우, 평상시보다 연습을 더 많이 하게 한다.
학령기	• 언어적 지시를 짧고 단순하게 한다. • 아동이 이해했는지 반복하여 확인하고 지도한다. • 아동에게 외우는 방법을 지도할 때 상위인지전략을 사용한다. • 핵심내용은 여러 번 반복한다. • 학습과 연습을 위해 추가시간을 제공하고, 필요하면 재교육을 한다.
청소년기와 전환기	• 아동에게 자기교시 훈련전략을 가르치고 익히게 한다. • 새로운 자료는 아동이 이미 가지고 있는 지식과 연결시킨다. • 아동이 외적 기억전략이나 대안 공학기기들을 사용하도록 가르친다.

2) 읽기 기술 향상을 위한 방법

■ 언어교육방법

: 대표적으로 상향식접근법(부호중심), 하향식접근법(의미중심)이 있다.

■ 음가 학습

: 음소인식의 실패는 음가에 대한 학습, 즉 소리의 값을 학습시킴으로써 보완할 수 있다.

■ 단서의 사용

: 해독하기 어려운 단어 해독을 돕기 위해 단서를 사용한다. 예를 들어, 아동이 읽기 어려워하는 글자/낱자를 붉은색으로 표시하거나 점을 찍어 표시한다.

■ 줄 따라가기

: 읽기 도중 줄을 놓치는 아동을 위해 손가락으로 따라 갈 수 있는 선을 문장 밑에 긋는다. 또는 화살표나 읽기창이 있는 카드를 사용해서 읽을 몇 단어만 보면서 읽게 한다.

■ 내용 미리 알려주기

: 읽기의 목적과 읽은 후에 무엇을 할 것인지를 미리 알게 한다. 예를 들어, 주요 등장인물과 사건 순서를 알기 위하여 이야기책을 미리 한 번 훑어보거나, 중요한 내용을 학습하기 위해 교재의 한 챕터를 읽을 때 내용을 미리 점검하는 것은 읽기 이해력을 증진시키는 효과적인 전략일 수 있다. 읽을 내용을 미리 안내해 주는 일련의 질문들과 답을 찾을 수 있는 쪽수를 미리 제공해 주는 것도 좋은 방법이다.

■ 교재의 난이도 및 흥미도 조절

: 내용도 흥미롭고 어휘도 이해하기 쉬운 읽기 교재를 사용하면, 특히 소리 내지 않고 읽는 연습을 할 때 도움이 된다.

■ 녹음 교재 사용

: 녹음 교재를 이용하여 내용을 들으면서 단어의 정확한 발음과 문장의 흐름을 파악하게 한다.

■ 컴퓨터 활용

: 기초 읽기 기술의 교수를 위해 컴퓨터를 사용한다. 예를 들어, 컴퓨터 프로그램을 통하여 일견단어를 읽고 들으면서 학습하게 된다.

■ 반복 읽기

: 유창하게 읽게 하기 위해 문단을 여러 번 반복해서 읽게 한다. 반복 읽기는 읽는 속도와 정확도를 증진시키기 때문에 좀 더 어려운 문단으로 넘어가는 데 도움을 준다.

■ 읽기 이해력 연습을 위한 교재

: 읽기 이해력을 연습할 수 있도록 구성된 교재를 사용한다. 본문에서 단서 찾아 활용하기, 질문에 대한 대답 찾기, 지시 따르기, 주제 찾기, 결론 찾기 등을 할 수 있도록 교재에 다양한 활동을 포함시켜 읽기 이해력을 연습시킨다.

■ 이해력 증진을 위한 전략

: 읽기 이해력 증진을 위해서 특정 전략을 사용한다. 예를 들어, 각 문단을 읽을 때마다 '가장 중요한 사람 이름대기(누가?)'와 '중요한 사건 이야기하기(무슨 일이 일어났는가?)'를 하도록 한다.

■ 대화를 이용한 상호교류적 교수

: 교사와 아동이 대화를 통하여 상호교류적으로 교수한다. 내용을 읽고 난 후에 교사는 문단의 내용 요약, 주제 질문하기, 이해하기 어려운 부분 찾기, 다음에 일어날 사건 예측하기의 네 가지 단계로 나누어 대화를 통해 아동의 이해력을 증진시킨다.

■ SQ3R 방법

: 내용중심 교과의 설명문으로 구성된 교재를 읽을 때 도움이 되는 방법으로, SQ3R이란 조사(survey), 질문(question), 읽기(read), 암송(recite), 검토(review)를 의미하는 단어의 머리글자이다. 설명문은 이야기식의 교재보다 이해하기 어렵기 때문에 전반적인 내용을 파악하기 위하여 먼저 문단을 조사하고, 본문에 대해서 질문하고, 답을 찾기 위해서 읽고, 찾은 답을 본문을 보지 않고 암송하고, 문단 전체를 다시 검토하는 방법을 통하여 이해력을 증진시킬 수 있다.

3) 쓰기 기술 향상을 위한 방법

■ 사전의 활용

: 맞춤법에 어려움을 보이는 아동에게 사전을 사용하도록 가르치고 권장한다. 특히 아동이 자주 틀리는 단어나 자주 사용하는 단어로 구성된 개인용 미니 사전을 만들어 사용하게 하는 것도 좋은 방법이다.

■ 시험-연습-시험

: 맞춤법 교수를 위해 사용할 수 있는 방법으로, 먼저 시험을 통해 아동이 학습해야 할 단어를 선정한 뒤 연습시키고 다시 시험으로 진도를 확인하는 방법이다.

■ 시각적 촉진

: 글자를 쓰기 위한 시각적 촉진을 제공한 뒤에 가능한 한 신속하게 촉진을 제거한다.

■ 작문 연습

: 일기 쓰기, 친구에게 짧은 편지 보내기, 짧은 이야기 만들기 등의 활동을 포함시켜 작문을 연습시킨다. 처음에는 작문의 길이를 짧게 하고 흥미로운 활동으로 유지시키는 것이 좋으며, 이때 분명하고 정확하게 쓰도록 유도한다.

■ 다단계 활동으로 나누기

: 작문 활동은 다단계(예: 계획, 쓰기, 내용 수정, 문법 교정, 다른 사람이 읽기)로 나누

어 실행하게 한다. 이 중, 계획 단계에서는 다양한 활동을 통하여 작문의 주제와 정보를 생각하고 수집하게 한다.

■ 작문의 틀 사용

: 작문을 위한 틀을 제공하여 틀에 맞춰 쉽게 쓰도록 도와준다. 예를 들어, 먼저 작문에서 표현하고 싶은 주요 내용으로 목록을 만들고, 목록을 각 문단에 맞는 주요 문장으로 전환시키고, 각 문장을 보조하는 문장을 덧붙이게 한다.

■ 작문지도 만들기

: 작문을 위한 생각을 정리하고 체계적으로 쓰게 하는 방법으로 주요 주제와 주요 단어를 나열하여 그 관계를 지도 형식으로 연결시키는 방법이다.

■ 모둠 활동

: 학급을 여러 개의 모둠으로 나누어 자신의 글을 모둠의 구성원에게 읽어 주고 구성원들이 작문의 강점과 약점을 평가하면서 함께 교정하게 한다.

■ 워드프로세서 사용하기

: 작문 시 워드프로세서를 이용하여 초고 작성하기, 내용 수정하기, 문법 교정하기 등의 단계로 나누어 글을 쓰게 한다.

■ 맞춤법 교정 프로그램 사용하기

: 워드프로세서 맞춤법 교정 프로그램을 이용하여 스스로 맞춤법을 점검하게 한다. 이때 맞춤법의 교정을 컴퓨터에 의존하지 않고 컴퓨터가 지적한 맞춤법 오류에 대하여 스스로 정확한 답을 찾도록 교수한다.

4) 수학기술 향상을 위한 방법

■ 시각적 촉진

: 계산 문제를 푸는 데 도움이 되는 시각적 촉진을 제공한다.

■ 네모 칸 또는 보조선 이용

: 계산 문제를 풀 때 자릿수를 잘 맞추지 못하는 아동을 위하여 네모 칸이나 보조선을 이용하여 쉽게 자리를 잡을 수 있게 해 준다.

■ 문제의 수 조절

: 동일한 지면에 동시에 제시되는 여러 개의 문제로 인하여 혼돈스러워 하는 아동을 위해 한 페이지에 2~3개의 문제만 제시한다.

■ 자가 채점 교재

: 연습문제를 푼 후에 스스로 답을 교정할 수 있는 자가 채점이 가능한 교재를 활용한다.

■ 자동 암산

: 아동은 더 이상 셈하기 전략에 의존하지 않게 될 때 자동적인 암산(예: 8+7을 계산할 때 자동적으로 답이 15임을 아는 것)을 할 수 있게 된다. 이를 위해 한 번에 두세 개를 넘지 않는 연산을 제시하고 질문하면 즉시 말하도록 연습시킨다.

■ 구체물의 사용

: 아동에 따라서는 기본적인 수 개념 및 관계를 학습하기 위해 구체적인 조작물을 사용하는 것이 도움이 된다. 예를 들어, 콩, 블록, 나무젓가락, 빨대, 바둑알, 껌, 사탕 등의 사물을 직접 조작하면서 셈하기, 구구단 등의 관계를 학습할 수 있다.

■ 언어적 촉진

: 직접 말로 계산을 도와주는 방법으로, 예를 들어 두 자릿수 곱셈에서 "먼저 오른쪽 수끼리 곱해야지.", "칸을 잘 맞춰서 쓰는 것 잊어버리지 말고.", "아래 위 숫자를 엇갈려 곱하는 것도 잊어버리지 말아야지." 등의 언어적인 촉진을 한다.

■ 실제 상황 활용

: 문제해결 계산문제에 실제 상황을 활용하여 아동의 이해를 돕는 방법이다. 예를 들어, 아동 자신의 시험 점수나 나이 등을 연습 문제에 사용할 수 있다.

■ 단서적 단어 인식

: 문장제 문제에서 자주 사용되는 주요 단어를 단서로 이용하게 한다. 예를 들어, '모두 합쳐서'나 '다'는 덧셈이나 곱셈에서, '남은 수'나 '나머지'는 뺄셈에서, '각각'이나 '똑같이' 등은 나눗셈에서 단서적으로 사용되는 단어들이다.

■ 모의 상황을 활용한 활동

: 학급 내에 가게나 은행 등의 모의 상황을 설정하고 수학 추론을 위한 다양한 활동을 연습하게 한다.

■ 문제풀기 4단계 학습 전략 사용

－1단계: 문제를 자기 말로 표현하기
－2단계: 문제의 내용을 시각적으로 그려보기
－3단계: 문제를 풀기 위하여 필요한 방법을 생각해 보기
－4단계: 정답 추정하기

■ 문제풀기 7단계 학습 전략 사용

－1단계: 읽기(이해하기)
－2단계: 자기 말로 표현하기
－3단계: 그림으로 그려 보기
－4단계: 가설 세우기(문제 푸는 과정을 계획하기)
－5단계: 추정하기(정답 예측하기)
－6단계: 계산하기
－7단계: 검산하기

CHAPTER 10

영재아동

아직도 영재아동은 우수한 아동이기 때문에 특별한 교육적 배려 없이도 자신의 능력을 발휘할 수 있을 것이라고 생각하는 교사나 부모를 종종 만나곤 한다. 그러나 영재아동 가운데는 지적 능력이 우수하지만 학교에서의 학습에 어려움을 겪는 아동들을 쉽게 볼 수 있다. 왜냐하면 전통적인 교육과정은 영재아동들이 더 효율적으로 배울 수 있도록 하는 도전적인 과제들을 제공하지 않기 때문이다. 따라서 교사는 이 아동들이 <u>미성취 영재아동으로 남지 않도록</u> 특별한 관심과 교육적 배려를 해주어야 한다.

또한 교사는 영재아동이 항상 긍정적인 모범생의 모습으로만 존재하는 것이 아니며, 이들의 우수성으로 인해 또래 관계 등에서 부정적인 행동을 보일 수도 있음을 인식하여 그들의 <u>사회성 발달에도 관심을 기울여야</u> 한다.

1 영재의 정의 및 판별

1) 영재의 정의

영재의 정의를 내리기 전에 먼저 우수성의 개념에 대한 논의와 우수성을 판별하려고 하는 이유를 확실히 해야 하는데, 이는 영재에 대한 정의가 한 사회에서 그 사회를 위하여 필요하다고 판단되는 가치에 의해 좌우될 수 있기 때문이다. 그러나 어떤 부분에서의 우수성을 장려할 것인가, 어떻게 측정할 것인가, 얼마나 잘해야 우수하다고 볼 것인가, 왜 영재아동을 판별해 내야 하는가 등의 여러 가지 질문에 대해서는 아직까지 전문가들의 완전한 동의가 이루어지지 못하고 있다.

(1) 우리나라의 정의

• 우리나라 영재아동의 정의는 2000년 1월 28일에 처음 제정된 「영재교육진흥법」에서 언급하고 있다. 이 법은 재능이 뛰어난 사람을 조기에 발굴하여 잠재력을 계발할 수 있도록 능력과 소질에 맞는 교육을 실시함으로써 개인의 자아실현을 도모하고 국가·사회의 발전에 기여하도록 함을 목적으로 만든 법이다.

▌ 현행법상 영재아동의 정의

영재교육진흥법	제2조(정의) 1. '영재'란 재능이 뛰어난 사람으로서 타고난 잠재력을 계발하기 위하여 특별한 교육을 필요로 하는 자를 말한다. 2. '영재교육'이란 영재를 대상으로 각 개인의 능력과 소질에 맞는 교육내용과 방법으로 실시하는 교육을 말한다. 제5조(영재교육대상자의 선정) ①영재교육기관의 장은 다름 각호의 어느 하나의 사항에 대하여 뛰어나거나 잠재력이 우수한 사람 중 해당 교육기관의 교육 영역 및 목적 등에 적합하다고 인정하는 사람을 영재교육 대상자로 선발한다. 　1. 일반 지능　　2. 특수 학문 적성　　3. 창의적 사고 능력 　4. 예술적 재능　　5. 신체적 재능　　6. 그 밖의 특별한 재능 ② 영재교육기관의 장은 제1항에 따른 영재교육대상자를 선발할 때 저소득층 자녀, 사회적 취약 지역 거주자 등 사회적·경제적 이유로 잠재력이 충분히 발현되지 못한 영재를 선발하기 위하여 별도의 선발절차를 마련하는 등의 조치를 할 수 있다.
미국 연방정부	'영재아동'은 지적·창의적·예술적 영역과 리더십이나 특정 학습영역에서 두드러진 수행력을 보이는 아동이며, 이들의 능력을 완전히 발달시키기 위해서는 일반학교가 통상적으로 제공하지 못하는 교육활동과 지원을 필요로 한다.
미국영재아동협회 (NAGC)	다음 영역 중 하나 이상의 영역에서 탁월함(배우고 추론하는 것에 탁월한 능력으로 정의)과 능력(상위 10% 이내 성취와 수행능력을 보이는 것으로 정의)을 보이는 아동들로 정의하고 있다. 수학이나 음악, 언어와 같은 상징기호를 다루는 활동이나 그림, 춤, 스포츠와 같은 감각운동기술들을 포함한다.

(2) 미국의 정의

- 미국의 경우 주마다 다양한 정의에 따라 영재교육 프로그램을 실시하고 있다.
  - → 주별로 적용하고 있는 영재아동의 정의에 공통적으로 포함된 요소는 다음과 같다.

    ① 일반적인 지적 능력　　② 구체적인 학업성취도　　③ 창의적 사고능력
    ④ 예체능 분야에서의 우수성　　⑤ 리더십 등

- 동일한 연령, 경험, 환경을 가진 다른 사람들에 비해 뛰어나게 높은 수준의 성취를 보이거나 보일 가능성을 나타내는 아동 및 청소년을 말한다.
  - 이들은 지적·창의적 또는 예술적 영역에서 높은 능력을 보이며, 리더십이 뛰어나고 특정한 학업영역에서 우수함을 보인다.
  - 학교에서 일반적으로 제공되지 않는 서비스나 활동을 필요로 한다.
  - 우수한 재능은 모든 문화와 경제적 계층에서 나타난다.

(3) Renzulli의 정의

- 영재성에 대한 렌줄리의 정의는 ① 평균 이상의 일반적인 지적능력, ② 높은 수준의 과제집중력, ③ 창의성이라는 세 가지 기본적인 특성 간의 상호작용에 기초하고 있다.
  - → '과제집중력'이라는 비인지적인 요인을 포함시켰고, 영재의 세 가지 특성에서 모두 뛰어나야 할 필요는 없다고 강조했다.

(4) Sternberg의 지능삼원이론

- 스턴버그는 인간이 어떤 문제를 해결하고 지적으로 행동하기 위한 정보를 어떻게 모으고 사용하는지의 관점에서 영재성을 바라보았다.
  - → 인간의 지능을 ① 분석적 지능, ② 경험적 지능, ③ 실제적 지능으로 체계화했으며, 이 세 지능들의 균형이 유지되고 잘 활용되면 개인의 목표성취와 같은 성공경험을 제공하는 성공지능의 역할을 한다고 보았다.

(5) Gardner의 다중지능이론

- 가드너는 인간의 지능을 문화적, 시대적 맥락에서 유용한 정보를 처리하거나 문제 해결 및 가치 있는 산물을 창조해내는 능력으로 정의했다.
  - → 인간의 지능을 ① 언어지능, ② 논리수학지능, ③ 대인관계지능, ④ 자연관찰 지능, ⑤ 음악지능, ⑥ 공간지능, ⑦ 신체운동지능, ⑧ 개인이해지능, ⑨ 실존지능 등 9개의 상호 독립적인 지능들로 구분했다.

> 이와 같은 영재에 대한 현대적 개념은 기회부여의 중요성과 환경 및 개인적인 특성을 강조함으로써 학업성취지능을 지나치게 강조한 기존의 지능이론에서 벗어나 개개인이 처한 사회문화적 맥락, 창의적 사고, 문제해결능력을 포함한 지능에 대한 새로운 관점을 제안하고 있다는 점에서 의미가 있다.

2) 영재아동의 판별

- 창의성을 비롯한 다양한 특성에 대한 검사가 필요하다.
- 적절한 교육 제공을 목적으로 어떤 우수한 특성이 있는지 정확하게 파악하고 개별적으로 판별된 특성을 최대한 계발시킬 수 있도록 노력해야 한다.
- 일반적으로 영재아동 판별을 위해 표준화된 검사의 사용과 평정방법을 사용한다.
  - 시·도 교육청 영재학급 및 영재교육원: 학교장 추천, 영재성 검사, 심층면접 등
  - 대학부설 과학영재교육원: 서류전형, 지필고사, 심층면접 등
- 최근 우리나라의 경우 교육청을 중심으로 공식적 검사에 의존하기보다는 장시간에 걸친 교사의 관찰에 근거한 교사관찰 추천을 강조하는 방향으로 선발 방법이 변화하고 있다.

▌ 영재아동 판별에 사용될 수 있는 평가방법들

평가방법	우수성을 암시하는 결과
개별 지능검사	• 상위 2~3%에 속한다.
개별 학업성취검사	• 하나 혹은 그 이상의 영역에서 상위 2~3%에 속한다.

평가방법	우수성을 암시하는 결과
창의성 검사	• 전문가가 아동의 성과물을 특별한 창의성이 있다고 평가하거나, 창의성 평가에서 매우 높은 점수를 받는다. 그러나 학업성취 측면에서 반드시 뛰어날 필요는 없다.
우수성 체크리스트	• 교사, 부모, 또래 등 대상아동을 잘 아는 사람이 작성한다. 체크리스트 개발자들이 설정한 점수대에 따라 우수성을 판단한다.
일화 기록	• 하나 혹은 그 이상의 영역에서 높은 능력을 보이는 기록이 있다.
교육과정 중심 평가	• 학교 교육과정의 하나 혹은 그 이상의 영역에서 또래보다 높은 성취수준을 보인다.
관찰	• 모범생이거나, 반대로 학급의 과제에 지루함을 느껴 행동 문제를 보일 수도 있다. 완벽주의적인 학생이라면 불안감을 보일 수도 있다. 학교 외의 다른 곳에서도 관찰이 이루어져야 한다.
예체능 평가	• 해당 분야의 전문성이 있는 사람에 의해 예·체능 수행이 평가되도록 한다. 이 분야에서 우수하다고 판정되기 위해서 학업수행이 반드시 뛰어날 필요는 없다.
리더십 평가	• 또래 추천, 부모 추천, 교사 추천 등이 주로 사용된다. 그러나 자기 추천도 리더십의 좋은 예측 징후가 되기도 한다. 학과외 활동에서의 리더십도 종종 효과적인 징후가 된다. 이 분야에서 우수하다고 판정되기 위해 학업 수행이 반드시 뛰어날 필요는 없다.

3) 영재아동의 분류

일반적인 영재아동은 다양한 영역에 걸쳐 높은 성취를 보이는 경우도 많지만, 특정 영역에서 좀 더 특별한 능력을 보이는 아동들도 있다.

• 수학영재: 수학적 사고능력, 수학적 과제집착력, 수학적 창의성, 배경 지식의 요소 등에서 일반아동에 비해 평균 이상의 성취를 보이거나 보일 가능성이 예상되는 아동으로, 정규 학교 프로그램 이상의 특별한 교육 프로그램과 서비스를 필요로 한다.

• 과학영재: 현재 과학 분야에서 뛰어난 성취를 보이거나 잠재력을 가지고 있는 아동을 뜻하며, 과학 분야에서의 학업성취도 및 과학 특수능력(과학적성)에서 평균 이상의 능력을 보인다. 또한 과학적 문제에 대한 창의적인 문제해결 능력과 기술을 가지고 있고, 과학 분야에 대한 과제집중력, 흥미, 동기, 자신감 등의 비인지적 요인들에서도 뛰어난 성취를 보이는 아동으로, 정규 학교 프로그램 이상의 특별한 교육 프로그램과 서비스를 필요로 한다.

- 언어영재: 말하기, 읽기, 외국어, 글짓기 등의 분야에서 뛰어난 수행이나 성취를 보이는 아동으로, 특히 여러 가지 언어적 재능 중에서도 학문적 글쓰기 같은 논리적인 표현력과 문예창작과 같은 창의적인 표현력이 뛰어난 아동을 뜻한다.
- 예술영재: 일반적으로 음악, 미술 등의 예술 영역에서 뛰어난 성취를 보이는 아동을 뜻하며, 예술 분야의 영재성은 학문 분야의 영재성과는 달리 높은 지능과 반드시 관련되지는 않는 것으로 보고된다. 그러나 예술 분야의 영재성은 그 재능이 매우 이른 시기부터 나타나고, 성취를 향한 강한 욕구를 보이며 질적으로 다른 발달양상을 보인다는 점에서 학문 분야의 영재성과 그 유사성이 있다고 할 수 있다.
- 특수영재: 소외 영재라고도 불리며 일반적인 영재아동에 비해 잠재력을 성취하지 못한 영재아동들을 뜻한다. 미성취 영재아동과 장애를 지니고 있는 장애영재로 나눌 수 있다.
  - 미성취 영재아동: 기대되는 성취수준보다도 낮은 수행수준을 보이는 영재아동이다. 가정불화, 빈곤, 낮은 동기, 언어문제, 가치관의 차이, 너무 낮거나 높은 학구열 등이 요인이 될 수 있다.
  - 장애영재: 영재성을 지니면서 동시에 장애를 지닌 경우, 지적장애와 자폐성장애와 같은 발달장애영역에서 발견되는 바보천재라 불리는 서번트증후군 등이 있다.

2 영재성의 기원

1) 유전 및 기타 생물학적 요인
- 유전자적 요인
  - 정도의 차이는 있을지라도 유전이 우수성의 중요한 요인이라는 점은 널리 받아들여지고 있다.
- 영양학적 요인
  - 신생아 혹은 영유아기의 영양 부족은 지적장애 등을 초래할 수도 있다.

- 적절한 영양이 공급되지 않은 경우
   → 잠재적인 능력을 충분히 발휘하기 어려울 수도 있다.

2) 환경적 요인

• 자녀의 잠재력을 충분히 계발시키는 부모나 가족의 특성은 다음과 같다.
  - 아동에게 적절한 자극을 제공하고, 방향을 올바르게 제시해 주며, 지지적이고, 아동의 능력을 찾아 칭찬하고 보상해준다.
  - 부모는 끊임없이 아동의 재능에 관심을 두고, 독서에 대한 칭찬과 지원을 아끼지 않는다.
  - 부모는 풍부한 지적 자극을 위한 여행과 독서 활동 등을 아동과 함께 하면서 아동의 롤 모델이 된다.
• 특별히 학업 성취나 사회적 신분상승 등에 큰 가치를 두는 사회·문화적 배경을 가진 경우 우수한 특성이 많이 계발되기도 한다.

3 영재아동의 특성

1) 일반적 특성

일반적으로 영재아동은 단점은 하나도 없고 강점과 미덕만을 갖춘 것으로 표현되곤 한다. 그러나 영재아동으로 판별되는 바로 그 속성들이 여러 가지 문제를 불러오기도 한다는 것을 교사는 인식하고 있어야 한다.

• 교사와 부모는 영재아동의 다양한 행동 특성을 올바로 파악하여 그들의 능력을 계발시키는 방향으로 지원해줄 수 있어야 한다.
• 영재아동은 인지적 발달이 매우 빠른 반면 신체적·정의적 발달은 같은 연령의 또래와 비슷하기 때문에 겪는 특수한 스트레스가 있을 수 있다.

▌영재아동의 정의적 특성

정의적 특성	특성의 긍정적인 표출	특성의 부정적인 표출
옳고 그름에 대한 인식이 빠르다.	• 개인적 행동에 대한 기준이 높다. • 좀 더 높은 연령수준의 윤리적 문제에 대한 토론을 할 수 있다. • 자신이 한 행동의 결과를 이해한다.	• 부당하다고 생각되는 행동에 대해 반항한다. • 지나치게 비판적이거나 완벽주의자가 된다.
모험심이 있고, 목표를 이루거나 답을 얻기 위해 기꺼이 실패 위험을 감수한다.	• 실패를 두려워하지 않는다. • 생각을 증명하거나 답을 얻기 위해 틀릴 위험을 무릅쓴다.	• 사실이나 증거에 기초하지 않고 무작정 추측을 남발한다.
에너지가 많다. (힘과 열정이 많다)	• 열정적이다. • 과제나 프로젝트에 오랫동안 열심히 매달린다.	• 교사나 부모 및 친구들을 지치게 할 수 있다.
직관력이 있다.	• 비언어적 단서로부터 추론한다. • 과제를 어떻게 수행해야 하는지 잘 파악한다. • 표면에 드러나지 않은 문제들을 잘 파악한다.	• 결론을 혼자 빨리 내린다. • 자신의 직관을 이용해 남을 통제하거나 일을 조작할 수 있다.
독립적이고 자율적이다.	• 스스로 목표를 세운다. • 교사의 지시를 별로 필요로 하지 않는다. • 과제를 이루기 위한 계획을 세운다.	• 고집이 세다. • 권위에 대항한다. • 자신의 방법만이 옳다고 생각한다.

2) 창의성

- 많은 학자들과 교사들은 창의성을 영재를 정의하는 핵심요인이라고 믿는다. 그러나 사람들이 창의적인 것을 볼 때 창의성을 느끼지만, 아직 보편적으로 받아들여지는 창의성에 대한 정의는 없다. 지능지수와 창의성 간의 관계는 아직도 논쟁 중이며, 창의력 잠재성 검사는 여전히 타당성과 신뢰성이 부족하다.

- Guilford(1987)는 그의 지능이론에서 발산적 산물(divergent production)로 불리는 인지적인 창의적 행동의 차원을 다음과 같이 기술하고 있다.
  - 유창성: 많은 아이디어를 생각해낼 수 있다.
  - 유연성: 다양하고 독특한 생각, 대안적인 해결책들을 제안한다.
  - 독창성: 독특하고 잘 사용하지 않는 단어를 사용하고 반응을 보인다.
  - 정교화: 창의적인 세부적 묘사를 놓치지 않는다.

▌ 영재아동의 인지적 특성

인지적 특성	특성의 긍정적인 표출	특성의 부정적인 표출
주의집중하는 시간이 길고 주제에 집중하는 능력이 뛰어나다.	• 학습이나 흥미 있는 분야에 깊이 몰두한다.	• 방해받으면 화를 낸다. • 자신이 하던 주제를 바꾸고 다른 일을 해야 할 때 자신의 일을 고집한다.
논리적인 답을 추구하며, 논리적으로 자신과 남을 평가하고자 한다.	• 인과관계를 인식하고 행동의 결과를 파악한다. • 비판적 사고와 문제해결 능력이 뛰어나다.	• 비논리적이거나 증거가 없다고 생각되면 반박한다.
독창적인 생각이나 답을 낸다.	• 학급토론이나 과제물 작성에 창의성을 보인다.	• 다른 사람들의 전형적인 생각에 대해 비판적이다.
언어나 읽기 능력이 나이에 비해 뛰어나다.	• 어휘력이 뛰어나다. • 유창하게 더 높은 학년 수준의 어휘를 읽는다. • 학급 토론에서 의견을 잘 말한다.	• 자신의 주장을 세우거나 우월성을 보이기 위해 어려운 어휘를 잘 사용한다. • 다른 일을 피하기 위해 읽기 활동을 한다. • 대화나 토론을 혼자서 장악한다.
매우 넓은, 다양한 흥미를 보인다.	• 새로운 주제에 대해 기꺼이 탐구한다. • 다양한 흥미 영역에 열정을 보인다.	• 한 주제에 오래 집중하지 못하고 쉽게 흥미를 잃는다.
매우 특수화된 흥미를 보인다.	• 특별한 흥미 분야에 열정을 쏟고 뛰어난 발전을 보인다.	• 한 가지에만 집착한다. • 다른 활동이나 주제에 대해서 관심이 없고 따분해 한다.
기초기술을 쉽게 습득한다.	• 시험을 잘 치른다. • 교재를 빠르게 숙달해 간다.	• 학급에서의 수업 속도에 지루해 한다. • 연습문제 풀기를 싫어한다.

- 종합적 사고력: 서로 어울리지 않는 아이디어들을 하나로 통합하는 능력이 있다.
- 분석력: 아이디어를 더 크게 혹은 통합적인 형태로 재구성한다.
- 현존하는 아이디어를 재조직하거나 재정의하는 능력: 현존하는 물건을 다른 디자인, 다른 기능으로 변형하는 능력이 있다.
- 복잡성: 서로 관련이 있는 많은 아이디어를 손쉽게 조작하는 능력이 있다.

3) 두뇌의 조숙성

• 영재아동은 또래 아동들보다 월등한 창의성, 재능, 지적능력을 보인다.
• 완전한 문장으로 쓰고 뛰어난 생각이 드러나며, 여러 가지 다양한 물음에 대한 답을 알고 싶어 하는 의욕이 매우 높다.

4) 아동간의 개인차

• 일반아동들과 마찬가지로 영재아동도 '개인 내 차이/개인 간 차이'를 보인다.
  → 영재아동을 포함한 모든 아동은 강점과 약점을 지니고 있다.
• 비동기성(asynchrony): 영재아동도 지적·사회적·정서적·신체적 모든 영역에서 동일한 속도로 발달하는 것이 아니라는 의미를 설명하는 용어이다.

4 특수 영재아동

1) 우수 여학생

• 총체적인 사회문화요인과 여러 풍토가 교육 현장에까지 반영되기 때문에 우수한 여학생이 능력을 제대로 개발하지 못할 가능성이 있다.
• 우수한 여학생에게 적절한 기회제공과 성취를 최대한 지원하기 위한 기본적인 지침
  ① 과잉보호를 하지 않는다.
  ② 학업적 기대수준을 높인다.
  ③ 독립심과 자신감을 기를 수 있는 기회를 많이 마련한다.
  ④ 학업이나 진로 상담 시 남학생과 동등하게 대한다.
  ⑤ 관심영역의 여성 롤 모델을 제공한다.

2) 사회·경제적 어려움 및 다문화 배경

• 사회·경제적 어려움을 지닌 영재아동이 겪을 수 있는 문제들

: 자신 또는 가족이 교육에 무관심하거나, 낮은 자아개념, 결석률이 문제가 되는 경우가 많다.

- 문제를 최소화하기 위한 교사의 역할
  ① 학업 이외의 장점(예: 창의성)을 강조한다.
  ② 학습동기를 유발시킨다.
  ③ 많은 심화학습 프로그램을 제공한다.
  ④ 지지적이면서도 안정된 학습 분위기를 만든다.
  ⑤ 같은 배경의 롤 모델을 제공한다.

• 다문화 배경을 지닌 아동
  - 교사는 사회·경제적 지위나 문화적 편견으로 인해 아동에게 낮은 기대수준을 가지지 않도록 해야 한다.
  → 지적 자극, 안전한 교육환경의 제공 등 동등한 자기계발의 기회가 주어져야 한다.

3) 우수 장애아동(장애영재)

• 장애를 지닌 우수 아동에 대한 교육은 최근에 관심을 받기 시작한 분야이다.
• 장애아동을 가르치는 교사나 부모들 중, 장애에만 주의를 기울이고 이들이 지니고 있는 우수성을 찾으려는 노력을 하지 않는 경우가 많다.
  예) 뇌성마비 아동은 지능이 떨어질 것이라고 단정 지음
• 이중 특수성(twice-exceptionality): 장애 + 특수한 영재성
  → 장애아동의 강점을 발전시키는 것과 학습결함을 보상하는 것 사이의 균형을 유지함으로써 아동의 잠재력을 일깨워주려는 노력이 필요하다.

5 영재아동 교육지원

1) 일반학급에서의 영재교육을 위한 지침

• 교사는 아동의 능력을 최대한 발휘할 수 있도록 학습 분위기를 만들어 주어야 한다.

- 모든 교육계획에 영재아동에 대한 학습 계획을 포함하고, 다양한 수준의 아동에 대한 교육계획이 잘 이루어졌는지 확인해야 한다.
- 영재아동을 위해 일반학급에서 할 수 있는 구체적인 방법
  - 인터넷 기반 활동을 활용한다.
  - 교사용 지도서의 심화활동 자료를 찾아본다.
  - 다양한 학습 자료를 사용한다(잡지, 소프트웨어, 인터넷자료, 디지털 자료 등).
  - 독립적으로 학습할 수 있는 시간을 포함시킨다.
  - 독립적인 학습 능력을 기를 수 있도록 연구방법(예: 자료수집, 탐구방법)을 가르친다.
  - 학습내용과 안팎으로 관련된 통합형 주제를 사용한다.
  - 학습목표 성취를 나타내는 성과물을 다양하게 수행할 수 있도록 한다. (예: 서평, 대본, 포토에세이, 과학칼럼 쓰기 등).
  - 특별한 경험이나 정보를 줄 수 있는 성인과의 만남을 마련한다(예: 멘토).
  - 특별 프로그램에 참여하기 위해 학급의 다른 과제를 빠뜨리지 않도록 유의한다.

2) 학제 간 지도지침

- 유아기
  - 여러 가지 재능이 나타나는 양상 관찰하기(예: 인지적, 예술적, 리더십 등)
  - 아동에게 재능을 마음껏 표현할 기회 제공하기
  - 아동의 호기심 자극하기, 아동의 열정과 관련된 학습활동 개발하기
  - 준비된 정도에 따라 아동에게 여러 가지 언어를 구사해 보도록 허용하기
- 초등학교 시기
  - 심화 및 촉진학습의 기회 제공하기
  - 영재성을 지닌 아동이 자신의 사고와 결과물을 정교화 할 수 있는 개별과제 제시하기
  - 아동 지도에 도움을 받을 수 있는 전문가 집단이나 단체에 참여하기
  - 영재아동 지도전략을 습득할 수 있는 연수나 프로그램 이수하기

- 아동의 특별한 기술이나 지식을 강조하는 다양한 이벤트에 아동이 참여하도록 격려하기
- 중·고등학교 시기
  - 다양한 능력을 지닌 영재아동이 마음껏 수행할 수 있는 활동 제공하기
  - 영재성을 지닌 아동이 실제 문제를 다루거나 실질적인 성과를 낼 수 있는 기회 제공하기
  - 단순히 활동량을 늘릴 것이 아니라 심화활동을 할 수 있는 기회 제공하기
  - 영재성은 여러 가지 방식으로 나타난다는 점 명심하기
  - 진로나 연구분야 선택에 있어서 영재성을 지닌 여학생이 겪게 될 수도 있는 문제나 갈등을 제거하도록 도와주기

3) 교육적 배치

- 영재아동의 개별적인 특성에 따라 다양한 배치와 형태를 고려해야 한다.
  - 공립학교: 특별한 소집단 구성, 독립 학습, 다양한 별도 프로그램(예: 멘토 프로그램, 인턴십 제공 등), 아동의 능력에 따른 팀티칭이나 속진 등이 적용된다.
  - 특수학급/특수학교의 신설 : 특수학급의 경우 유사한 능력의 아동을 모아 집중적인 지도를 하는 프로그램이 사용될 수 있고, 특정 교과를 중심으로 학습 진도나 학급 운영에 차별화를 두는 특수학교 배치도 고려될 수 있다.
- 아동의 필요에 적합한 형태를 찾는 것이 중요하다.
  - 학교 체계 내에서 여러 가지 다른 교육 프로그램이 제공되어야 한다.
- 우리나라 영재교육 체계
① 영재학교: 전문 분야 영재를 대상으로 하는 전일제 학교를 지칭한다.
우리나라 최초 영재학교→ 2003년 한국과학영재학교
② 영재교육원: 영재교육센터의 법적 용어이다.
 → 교육청, 대학, 정부출연 연구기관, 공익법인 등에서 설치·운영한다.
  - 방과 후, 주말 또는 방학을 이용하기도 하고 학교 수업 시간 중에도 학교장의 허가를 얻어 교육을 받을 수 있는 '시간제(pull-out)' 형태로도 운영이 가능하다.

- 예산지원과 운영 주체에 따라 시·도 교육청 지원 영재교육원과 대학부설 과학영재교육원으로 구분한다.

③ 영재학급
- 초·중·고등학교의 각 급 학교에서 운영되는 영재 반을 지칭한다.
- 현재는 특별활동, 재량활동, 방과 후, 주말 또는 방학을 이용한 형태의 영재학급만 가능하다.
- 학교 특성과 규모에 따라 영재학급, 중심학교 영재학급으로 나눈다.

▌영재학급과 영재교육원의 운영체계

구분	영재학급	영재교육원
역할 및 기능	영재발굴 및 창의성계발	창의융합 탐구역량 계발
교육내용	역량중심 교육	학교에서 다루기 힘든 전문 분야
담당인력	담당교사 중심	해당 분야 전문가 중심

4) 교수방법

- 영재아동만을 위한 차별화된 수업전략은 특별히 없다. 오히려 전략의 사용은 교육과정의 본질이나 수준과 관련되어 있다. 일반교육의 교육과정은 영재아동을 위해 설계된 것이 아니다. 따라서 교사들은 영재아동에게 적합한 수준의 수업을 제공하기 위해 모든 내용 영역에서 그 교육과정을 수정해야 한다. 즉 영재아동들은 속진, 깊이, 복잡성, 도전성, 창의성, 추상성 등 경험의 수준이 다른 차별화된 교육과정을 제공받아야 한다.

▌영재아동을 위한 차별화된 교육과정의 특징과 예

	전형적인 수업 기준	영재아동을 위한 수업 기준
속진	한 자리 수로 나누기 두 자리 수로 나누기 세 자리 수로 나누기 나눗셈을 사용해서 문장제 완성하기	숫자와 언어 형태에서 다단계 문제를 푸는 데 덧셈, 뺄셈, 곱셈, 나눗셈을 사용하기
깊이	다음의 세 가지 주제 중 한 가지를 고르고, 적어도 네 가지의 도서관 자료를 활용하여 구두 프레젠테이션을 준비하라. • 공학의 사용	다음 중 한 가지에 대해 논쟁하라. • 공학은 인류의 진보를 나타낸다. • 인류는 보다 복잡한 세상에서 살면서 더 진보하게 되었다.

	전형적인 수업 기준	영재아동을 위한 수업 기준
	• 과거의 과학적 발견들 • 일상생활에서의 수학	자신의 견해를 주장하기 위해 발표할 때 설문조사, 인터뷰, 도서관 자료를 포함하여 다양한 자원을 사용하라.
복잡성	존 스타인백이 쓴 소설 '진주'에서 줄거리와 설정, 등장인물들에 대해 토론하라.	존 스타인백이 쓴 두 소설 '진주', '생쥐와 인간'긴의 줄거리와 설정, 등장인물과 동기, 주제와 설정을 비교하고 대조하라. 작가의 스타일을 어떻게 특징지을 수 있는가?
도전성	민수는 1월에 주식에 100만원을 투자했다. 12월에 이를 되팔았을 때, 구입 가격보다 10%가 올랐다. 그는 주식으로 얼마의 이득을 남겼는가?	다음 중 어느 것을 선택하겠는가? ① 1년간 8%의 이득과 2년간 50%의 손실 ② 1년간 5%의 이득과 2년간 5%의 손실 이유를 글로 써서 설명하고 당신의 생각을 학급에서 공유하라.
창의성	본인이 2차 세계대전에 관해 소개할 뉴스캐스터라고 가정하고 다음 중 하나를 선택하여 완성하라. ① 전쟁에서 중요한 사건을 요약하여 뉴스 리포트를 작성하라. ② 중요한 사건에 기초하여 광고 전단지를 설계하라.	본인이 선택한 하나의 매체(노래, 춤, 포스터, 파워포인트 등)를 활용하여 2차 세계대전의 사건들을 인과관계를 증명하라.
추상성	우리나라의 수송기관의 발달에 관한 차트를 그려라. 각 수송기관의 주요 특징에 따라 주요 혁신에 관해 기술하라.	모델의 컨셉에서 도출된 일반화를 활용하여, 시간의 흐름에 따라 각 수송기관의 혁신을 평가하라. 각 수송기관의 장점과 약점을 평가하고, 각 모델이 어떻게 후속모델에 영향을 끼쳤는지를 예증하기 위해 시각적 표현을 창출하라.

(1) 속진(acceleration)

• 일반학급의 정규 교육과정을 다른 아동보다 빠른 속도로 학습하는 것을 말한다.

→ 조기입학(유치원, 중·고등학교, 대학), 조기학년 진급, 자기조절 교수, 교육과정 압축, 교육과정 단축, 학점 취득에 따라 짧은 시간 안에 과정 이수, 고등학교와 대학교 연계교육, 대학과목 선이수제도, 시험을 통한 학점이수제 등의 방법들이 있다.

• 영재아동이라도 현재 학년에 잘 적응하고 있다면 특별히 속진이 필요하지 않

을 수 있다.

→ 속진은 반드시 심화학습 프로그램과 병행 실시되어야 속진 대상자를 더 타당하게 판별할 수 있고, 창의성을 충분히 계발시킬 수 있다.

(2) 심화(enrichment)

- 특정과목의 문제나 관심 있는 주제 등에 대해 표준교육과정보다 더욱 깊고 자세하게 공부하거나 탐구할 수 있도록 하는 것이다.

  → 독립연구, 멘토제도 등이 있다.

- 심화는 일반교사가 자기 학급의 영재아동을 위해 교육과정을 차별화하고자 할 때 가장 일반적으로 사용하는 전략이다.

  - 장점: 일반학급에서 또래친구들과 함께 공부할 수 있다.
  - 유의점: 교사는 교사용 지도서가 제시하고 있는 심화활동 내용이 단순히 해당되는 내용에 대한 다양한 경험을 주는 활동인지, 아니면 선행학습이나 기술을 필요로 하는 활동인지 구분할 필요가 있다.

(3) 특별한 소집단 구성

- 하루 중 일정 시간 비슷한 흥미를 가진 아동을 소집단으로 모아 지도하는 방법으로, 심화나 속진과 함께 운영될 때 더 효과적이다.

(4) 탐구기반 학습(inquiry-based learning)

- 학습의 효율성을 높이기 위한 방법으로 토론, 실험과 증명, 발표, 아트워크(Art Work) 등을 통해 아동의 직접 참여를 유도하는 방법이다.

  → 예를 들어 수업 주제가 '우리가 먹는 식품'이라면 과일, 유제품, 수산물 등을 분류해 조별로 그림을 찾아 발표하고, 직접 쇼핑센터에 가서 상품을 찾아보고 가격을 조사하는 방식으로 수업이 진행된다. 또한 우리가 살고 있는 '마을'이 주제라면 아동들은 두꺼운 종이를 오리고 풀칠을 하면서 도시를 입체적으로 만들어 보기도 한다.

- 탐구기반학습에는 문제중심학습이 포함되며, 일반적으로 소규모 조사 및 프로젝트 연구에 주로 사용된다.

(5) 문제중심학습(problem-based learning: PBL)

- 주어진 문제 상황을 이해하고 정의하며, 이를 해결하기 위한 정보를 수집하여 자신이 세운 가설을 검증해가는 일련의 과정을 통해 실제 생활에서의 문제 파악과 해결능력을 기르고자 하는 교수방법이다.
  - → 문제의 파악과 개념적 사고에 능숙한 영재아동에게 문제중심 학습은 매우 유용한 방법으로 활용된다.

(6) 미성취 영재아동을 위한 교육

영재아동이 자신의 능력을 제대로 발휘하지 못하게 되는 데에는 학교, 가정, 학생 자신, 또래, 동기부족 등 여러 가지 요인이 있다. 교사는 <u>성적이 좋고 모범생인 아동만 영재라고 생각해서는 안 된다.</u> 교사는 교실 안의 모든 개별 아동의 강점과 약점을 충분히 파악하고, 교육을 개별화하고자 하는 노력을 기울여 자신도 모르는 사이에 미성취 영재아동을 만드는 일이 없도록 해야 한다.

- 주어진 과제를 쉽게 빨리 수행하는 학생이 더 많은 일을 하게 되지 않도록 유의한다.
- 단순히 교과내용을 반복적으로 강화하는 것보다는 확장해 줄 수 있는 자료나 주제를 찾아준다.
- 인지적, 학업적 모험을 독려한다.
- 쉬운 학습지를 완벽하게 채우는 것보다, 복잡하고 개방형인 문제에 대한 노력이 더 강화를 받을 수 있도록 다양한 도전의 기회를 제공한다.
- 모든 아동이 서로 관계를 잘 형성할 수 있도록 <u>사회성 기술 발달</u>에도 관심을 기울인다.
- 영재아동은 다른 사람의 관점에서 사물을 바라보는 것이 어려울 수 있다. 다른 사람의 마음을 이해하고 정확한 구어와 비구어적 메시지를 보내는 방법을 훈련시키는 것도 유용하다.
- 영재아동의 엘리트적인 태도나 교실 내 영재아동에 대한 배척 분위기가 생기지 않도록 관심을 기울인다.
- 흥미를 보이는 영역에 대해서는 독립적으로 탐구해 볼 수 있도록 허락한다.

- 영재아동은 특정 주제에 매우 강도 높게 호기심을 보일 수 있다. 필요하다면 연구방법을 가르치고, 자료 수집 및 계획 수립과 결과물을 완성하는 단계 전반에 걸쳐 지원을 제공한다.
- 현실적으로 가능한 높은 수준의 교육과 진로 목표를 세우도록 지도한다.

CHAPTER 11

개별화교육계획

특수교육대상 아동이 배치된 모든 교육기관에서는 반드시 개별화교육계획 (Individualized Education Plan: IEP)을 작성하고 실행해야만 한다. 통합학급의 교사는 특수교육대상 아동을 일반 학급에 통합시키고, 일반교육과정에 대한 그들의 참여를 격려하는 데 있어 중요한 역할을 하는 만큼 IEP수립에 특수교사와 함께 적극적으로 참여해야 한다. 특히, 특수교사가 없는 일반학교에 완전통합의 형태로 배치된 특수교육대상 아동에 대해서도 통합학급의 교사가 IEP를 수립하여야 한다. 또한 통합학급 교사는 특수교육대상 아동을 위해 대안적인 교수 방법을 사용해야 하거나 특별한 교수 목표를 설정해야 하는 경우 특수교육대상 아동이 통합학급과 일반교육과정에 잘 참여할 수 있도록 적합한 수업을 계획하고 교재를 준비하며, 교수 활동을 조직하고 교육 매체를 활용하여 지원하는 등 IEP 시행을 위해 노력해야 한다.

1 개별화교육계획의 정의

- IEP는 특수교육대상 아동의 능력을 계발하기 위해 제공되는 교육과 지원을 포함하는 실행 계획 및 과정, 결과에 대한 평가를 기록한 문서를 뜻한다.
  - → 아동의 장애 특성, 능력, 교육적 요구, 선호 및 관심 등을 종합적으로 고려하여 최상의 교육 및 생활 지원을 제공하기 위한 절차와 방법을 포함
- 특수교육대상 아동에게 필요한 교육뿐만 아니라 장애와 관련된 각종 지원 방안을 포함하는 종합적인 교육 지원 계획으로서 교과 및 비교과, 특수교육 관련서비스, 행동지원, 전환지원 등을 포함할 수 있다.

→ IEP는 특수교육대상 아동의 개별화 교육을 위해 필요한 교육 및 생활 지
원 계획의 수립 및 운영, 평가와 관련된 제반 사항을 기록한 개인별 문서
인 동시에 계획의 실행 및 과정을 기록한 성장과 변화에 관한 개인별 포
트폴리오로서 의의를 지닌다.

2 개별화교육계획 수립의 필요성

- 특수교육대상 아동은 개인차가 크고 다양한 능력 수준을 나타내고 있으며 발
달의 일반적인 특성 외에도 그들이 가진 장애의 특성이나 독특한 요구로 인하
여 개별적인 교육의 필요성을 가지고 있다.
  → 따라서 모든 특수교육대상 아동을 위해 특수교육대상자의 교육적 요구에
  적합한 교육과정을 설계해야 한다.

3 개별화교육계획의 법적 근거

IEP 수립과 운영은 「헌법」, 「교육기본법」, 그리고 「장애인 등에 대한 특수교육
법」에 법적 토대를 두고 있다.

1) 헌법

헌법에서는 개인이 지닌 능력 차이를 존중하고 이에 맞는 교육을 제공하는 교육
기회의 균등을 명시하고 있다. 이에 따라 특수교육 대상 아동을 포함하는 모든
국민은 개인의 능력에 맞는 적절한 교육을 받을 수 있는 권리를 지니고 있다.

- 모든 국민은 능력에 따라 균등하게 교육을 받을 권리가 있다(제31조).

2) 교육기본법

교육기본법에서는 모든 국민은 각자의 능력과 적성에 맞는 교육을 받을 권리
를 지니며, 개인이 자신의 능력을 최대한 발휘할 수 있도록 국가가 교육내용·

교육방법 · 교재 및 교육시설을 제공할 의무가 있음을 명시하고 있다.

- 모든 국민은 평생에 걸쳐 학습하고, 능력과 적성에 따라 교육받을 권리를 가진다(제3조).
- 교육내용 · 교육방법 · 교재 및 교육시설은 학습자의 인격을 존중하고 개성을 중시하여 학습자의 능력이 최대한으로 발휘될 수 있도록 마련되어야 한다(제12조).

3) 장애인 등에 대한 특수교육법

장애인 등에 대한 특수교육법에서는 개별화교육의 정의, 개별화교육지원팀의 구성 및 역할에 대해 명시하고 동법 시행규칙에서 개별화교육지원팀 구성 방법과 IEP의 구성요소 등에 대해 명시하고 있다.

- 제2조 정의
"개별화교육"이란 각급학교의 장이 특수교육대상자 개인의 능력을 계발하기 위하여 장애유형 및 장애특성에 적합한 교육목표·교육방법·교육내용·특수교육 관련서비스 등이 포함된 계획을 수립하여 실시하는 교육을 말한다(제2조).

- 제22조 개별화교육
① 각급학교의 장은 특수교육대상자의 교육적 요구에 적합한 교육을 제공하기 위하여 보호자, 특수교육교원, 일반교육교원, 진로 및 직업교육 담당 교원, 특수교육 관련서비스 담당 인력 등으로 개별화교육지원팀을 구성한다.
② 개별화교육지원팀은 매 학기마다 특수교육대상자에 대한 개별화교육계획을 작성하여야 한다.
③ 특수교육대상자가 다른 학교로 전학할 경우 또는 상급학교로 진학할 경우에는 전출학교는 전입학교에 개별화교육계획을 14일 이내에 송부하여야 한다.
④ 특수교육교원은 제1항부터 제3항까지의 규정에 따른 업무를 수행하기 위하여 각 업무를 지원하고 조정한다.
⑤ 제1항에 따른 개별화교육지원팀의 구성, 제2항에 따른 개별화교육계획의 수립·실시 등에 관하여 필요한 사항은 교육부령으로 정한다.

- 시행규칙 제4조 개별화교육지원팀의 구성
① 각급학교의 장은 법 제22조 제1항에 따라 매 학년의 시작일부터 2주 이내에 각각의 특수교육대상자에 대한 개별화교육지원팀을 구성하여야 한다.

② 개별화교육지원팀은 매 학기의 시작일부터 30일 이내에 개별화교육계획을 작성하여야 한다.
③ 개별화교육계획에는 특수교육대상자의 인적사항과 특별한 교육지원이 필요한 영역의 현재 학습수행수준, 교육목표, 교육내용, 교육방법, 평가계획 및 제공할 특수교육 관련서비스의 내용과 방법 등이 포함되어야 한다.
④ 각급학교의 장은 매 학기마다 개별화교육계획에 따른 각각의 특수교육대상자의 학업성취도 평가를 실시하고, 그 결과를 특수교육대상자 또는 그 보호자에게 통보하여야 한다.

4 개별화교육지원팀의 구성 및 운영

• 매 학년의 시작일로부터 2주 이내에 각각의 특수교육대상 아동에 대한 개별화교육지원팀을 구성하고 임기는 1년으로 한다. 개별화교육지원팀 구성원은 IEP 관련 회의에 참석하며 구성원으로서 역할을 한다.

→ 특히, 통합학급교사는 학급에서 아동의 교육을 직접 담당하고 있으므로 아동에 대한 정보를 나누는 데 중요한 역할을 하게 된다.

• 장애인 등에 대한 특수교육법 22조 1항에 따르면, 개별화교육지원팀은 보호자, 특수교육 교원, 일반교육 교원, 진로 및 직업교육 담당 교원, 특수교육 관련 서비스 담당 인력 등으로 구성한다.

→ 단, 개별화교육지원팀을 이루는 구성원은 법에서 규정한 구성원을 포함하되, 대상 아동의 교육적 요구에 따라 그 구성원이 달라질 수 있다.

• 각 특수교육대상 아동별로 팀을 구성하되, 보호자, 특수교사, 통합학급교사, 교장(원장), 교감(원감), 부장교사, 특수교육 관련 서비스 담당 인력 등으로 구성한다.

▌완전통합·시간제 통합 배치유형의 개별화교육지원팀 구성원

기본구성원	자격 및 역할	선택구성원
개별화교육 지원팀장	• 학교장(원장) 또는 교감(원감) • 개별화교육지원팀의 소집 및 운영 • 개별화교육계획 수립 및 실행에 관한 주 책임자 • 학생의 수업 및 생활을 관리·감독	• 부담임교사 • 교과전담교사 • 보건교사

특수교육
교원
	• 특수학급 교사
	• 개별화교육계획의 수립, 실행, 평가 과정의 주된 담당자
	• 완전통합된 학생의 경우 개별화교육계획 수립의 주 실행자(개별화교육계획의 실행 및 평가는 통합학급 교사가 담당)
	• 학생의 통합학급 및 특수학급에서의 교육 및 지원에 관한 조정자
		• 상담교사
		• 영양교사
		• 진로직업교육 담당교사
		  (중등이상)
		• 특수교육 대상학생
		• 행정실장
		• 특수교육관련서비스
		  담당인력

일반교육 교원	• 개별화교육계획의 수립, 실행, 평가에 관한 조력자 • 통합학급에서 개별화교육계획의 실행, 평가에 관한 실행자 • 통합학급에서 학생의 교육 및 생활 참여의 주된 담당자	• 시군구주민센터 사회복지사 • 학생의 기타가족 • 교육지원청 특수교육담당자 • 방과후교실강사
보호자	• 특수교육 대상 학생의 개별화교육계획 수립, 실행, 평가 과정에서 학생의 대리인 • 학교와 가정 간의 지속적인 협력 관계 유지	• 돌봄교실강사 • 학교담당 경찰관

• IEP의 질은 장애아동의 교육과 관련된 전문가 및 보호자의 협력에 의해 좌우된다고 할 수 있는 만큼 개별화교육지원팀의 구성 및 운영은 매우 중요하다. 개별화교육지원팀의 구성 절차는 다음과 같다.

1	개별화교육지원팀 구성	• 학교장(원장)은 매 학년의 시작일로부터 2주 이내에 특수교육대상 아동별로 기본구성원을 중심으로 한 개별화교육지원팀을 구성한다.
2	선택 구성원 조성 및 회의 준비	• 개별화교육지원팀 구성 및 운영 담당자는 기본 구성원과 협의하여 선택 구성원을 조정하고 결정한다. • 개별화교육지원팀 회의를 준비한다.(장소, 시간, 경비 확보 등)
3	사전 정보 수집 및 구성원간 사전 의견 조율	• IEP 수립 담당자는 학부모와의 상담, 전년도 평가 결과 등을 검토하여 사전 정보를 수집한다. • IEP 수립 담당자는 사전 정보 수집 결과를 바탕으로 구성원 간에 사전에 의견을 조율하여 IEP 수립 방안을 마련한다. • 특수학급 설치학교의 순회교육대상자의 경우 해당 학교의 특수교육교원이 구성원 간의 의견을 조율하여 IEP 수립 방안을 마련한다. • 단, 순회교육대상아동의 개별화교육계획의 작성 내용 중 교육목표, 교육내용, 교육방법, 평가는 담당 순회교사가 수립 방안을

		마련한다. 개별화교육지원팀의 회의운영방식(개별형 또는 집단형 회의)을 결정한다.
4	개별화교육지원팀 회의 (개별형/집단형) 개최	• IEP의 유형을 결정한다. • IEP 수립 교과목(영역)을 선정한다. • 특수교육 관련서비스 지원 방안을 협의한다. • 기타 학교 차원의 지원 방안을 협의한다.
5	IEP 작성	• IEP 수립 담당자는 회의 결과를 토대로 IEP를 작성한다. • 순회교육대상아동의 IEP의 경우 작성 내용 중 교육목표, 교육내용, 교육방법, 평가는 담당 순회교사가 작성한다.
6	IEP 승인 및 확정	• IEP 수립 담당자는 최종적으로 결정된 IEP의 승인을 위해 구성원의 서명을 받는다. • 서명한 IEP를 학교장(원장)이 결재한다.

5 개별화교육계획 구성요소

• 우리나라 장애인 등에 대한 특수교육법 시행규칙 제4조 3항에서는 IEP 작성 시 필수 포함 내용으로 다음과 같은 구성요소를 제시하고 있다.

- 인적사항
- 현재 학습 수행 수준
- 교육목표
- 교육내용
- 교육방법
- 평가계획
- 특수교육 관련 서비스

• 그 외에도 문제행동의 지원, 교과목의 수와 영역, 특수학급 수업시수, 통합학급 수업 시수가 포함될 수 있으나, 교과 영역은 특수교육대상자의 교육적 수요에 따라 개별화교육지원팀에서 결정하도록 되어 있다.

• 미국장애인교육법(IDEA)에서는 IEP 구성요소로 다음과 같은 내용을 포함하도록 규정하고 있다.

- 인적사항
- 현행수준
- 교수목표
- 평가계획
- 평가를 위한 수정 방법 및 대안적 평가 적용
- 특수교육환경에의 배치 및 지원과 관련서비스 내용
- 일반교육 프로그램에 참여하지 않는 정도와 그 근거
- 전환교육
- 교육 시작과 종료 시기

1) 인적사항

- 이름, 성별, 생년월일, 장애 유형 및 정도, IEP의 시작일과 종료일, 보호자의 희망사항 등 아동에 관한 기본 정보와 유치원 교육에 필요한 기타 정보들을 포함한다.
- 인적사항을 파악할 때는 개인정보 수집·이용에 관한 고지와 동의서를 제시하여 동의를 구해야 한다.

2) 현행수준

- 현행수준을 파악하는 것은 교수목표를 설정하는 첫 단계이며, 파악된 현행수준은 이후의 진보를 비교할 수 있는 기초선의 역할을 한다.
  → 따라서 현행수준 작성 시에는 아동의 교육적 요구에 대한 수준을 분명하게 보여줄 수 있게 기술해야 한다.
- 강점과 약점 모두가 기술되어야 하고, 내용 면에서 포괄적이어야 하는데, 신체적·의학적·감각운동적 기능뿐만 아니라 각 발달 영역의 수행 수준에 대해서도 진술되어야 한다.
- 현재 학습 수준은 긍정적인 형태로 아동이 할 수 있는 일을 서술하는 방식으로 작성하는 것이 바람직하다.
  예) 손으로 물건을 잡지 못한다(×).
  → 물건을 잡을 때 엄지와 검지의 사용보다는 손 전체를 사용한다(○).

3) 교수목표

- 일반적으로 교수목표는 장기목표와 단기목표로 나눈다.
- 장기목표는 현재 학습 수행 수준을 고려하여 IEP(1년)가 종료되는 시점에서 아동이 수행할 것으로 기대되는 수준을, 단기목표는 장기목표를 구성하는 하위목표로서 해당 학기가 끝나는 시점에서 아동이 수행할 것으로 기대되는 수준을 측정 가능한 문장으로 서술한 것을 말한다.
- 장기목표는 아동의 1년 또는 한 학기 후의 성취 정도를 정확히 알기 어려우므로 아동의 과거 성취 정도, 현행수준, 목표의 현실성 및 우선순위, 할

애될 수 있는 수업 시간 등을 고려하여 적절히 설정하도록 한다.

- 장기목표는 각 발달 영역마다 포괄적인 문장으로 서술되며, <u>단기목표는 이를 구체적이고 측정 가능한 세부목표로 나누어 행동주의적 서술문으로 작성</u>하게 된다.
- 단기목표는 장기목표가 내포하고 있는 내용과 기능 요소를 토대로 목표의 범위와 난이도를 고려하여 적절한 수와 규모로 세분화하여 개발한다. 단기목표를 작성할 때는 장기목표를 체계적으로 분석하는 <u>과제분석</u> 방법을 많이 사용한다.
- 단기목표는 아동의 진보를 알아보는 평가 기준의 역할도 할 수 있다. 따라서 교육내용과 아동의 진전 정도를 고려하여 매월 단위로 설정할 수도 있고, 2~4개월 단위로 묶어서 설정할 수도 있다.
→ 이때 설정된 학기목표와 월별 교육목표는 아동의 진전 정도를 평가하는 평가 주기가 된다.
※ 단기목표는 객관적으로 측정 가능한 방식으로 진술하고, 행동이 나타날 조건 상황, 성공적인 수행 기준을 포함한다.

조건	성공적인 수행기준	관찰 가능한 행동
열까지 세라고 지시하면	100% 정확하게	외워서 셀 수 있다

4) 교육내용

- 교육내용은 현재 학습 수행 수준을 토대로 학기목표 및 월별 교육목표에 도달하기 위한 과정에서 아동이 경험해야 하는 것으로서 평가계획에 근거하여 구성한다.
- 평가계획에서 제시한 평가초점은 아동이 장기목표에 도달하는 과정에서 경험하게 되는 다양한 내용 및 기능적 요소를 포함하고 있다는 점에서 목표에 도달하기 위해 아동들이 경험해야 할 교육내용을 안내하는 길잡이가 된다.
- 교사는 사전에 개발한 평가초점에 근거하여 교육내용을 개발할 수 있다.
- 교육내용을 개발할 때는 아동의 생태학적 환경을 바탕으로 생활 연령, 장

애 유형 및 정도, 학습 특성, 선호나 흥미, 강점, 선수 기술 등을 종합적으로 고려해야 한다.

→ 똑같은 장기목표를 지닌 아동들이라도 아동별로 교육내용이 다를 수 있으므로 교육내용을 다양하게 구성할 필요가 있다.

5) 교육방법

- 교육방법은 교사가 교육내용을 교수하는 과정을 구체적이고 상세하게 기술해야 하는데, 아동이 학습하는 구체적 활동 형태로 기술한다.
- 단순하게 수업모형이나 교수전략 명을 제시하는 것을 지양하고, 아동이 학습하는 과정에서 교사가 사용하는 구체적인 교수전략을 교육내용과 결합하여 교육(학습) 활동이 드러나도록 기술한다.
- → 이때 아동이 자신의 주된 학습양식을 사용하여 자기 주도적이고 의미 있는 학습 활동에 참여할 수 있도록 다중적이고 다양한 학습 참여 방식을 포함한 교수·자료 및 매체, 교수 집단 등을 활용한 교수·학습 방법을 제시한다.

6) 평가계획

- 평가계획에는 평가방법, 평가기준, 평가실시 일정 등이 포함된다.
- 평가방법이란 특정목표의 성취를 측정하기 위해 어떤 측정도구와 방법을 사용할 것인가를 명시하는 것을 말한다.
- → 규준참조검사, 준거참조검사, 교사가 직접 제작한 시험 등의 검사, 관찰, 과제물 등 여러 가지가 사용될 수 있다.
- 평가기준은 어느 정도의 수준까지 수행해야 교수목표를 성취한 것으로 볼 것인가 하는 기준으로서 단기목표에서 제시되는 것이 바람직하다.
- → 좋은 교수목표는 이러한 평가기준을 포함해야 한다.
- 평가일정은 얼마나 자주 평가를 할 것인가에 관한 것이다. 특수교육법에 의하면 교사는 매 학기 IEP에 따른 학업성취도를 평가해야 한다.
- → 아동의 진보를 쉽게 파악하고 필요할 경우 교육 프로그램의 수정도 가능하게 하기 위해서는 가능한 한 자주 평가하는 것이 바람직하다.

7) 평가를 위한 수정 방법 및 대안적 평가 적용

- IEP는 학교에서 시행하는 공식적인 학업 성취나 기능적 기술을 평가하기 위해 수정이 필요한지, 필요하다면 어떻게 수정해야 하는지를 포함해야 한다.

- 학교나 교육청 등 지역단위의 공식적인 평가를 받기 어려운 경우에는 대안적인 평가(alternative assessment)가 필요하다. 이때 왜 이러한 공식적인 평가를 받기 어려운지, 그리고 어떤 대안적 평가방법을 사용할 것인지를 명시해야 한다.

→ 다른 아동과 마찬가지로 장애 아동도 모든 공식적인 평가에 포함되어야 하므로, 공정하면서도 진보를 잘 측정할 수 있는 평가 방법에 대한 중요성이 강조되고 있다.

→ 국내에서도 장애 아동을 대상으로 이루어지는 평가조정에 대한 인식이 높아지고 있으며 점점 더 많은 학교가 대안 평가에 대한 학칙을 마련하고 있다.

8) 특수교육 관련서비스 내용

• 「장애인 등에 대한 특수교육법」 제2조에서는 "특수교육 관련서비스란 특수교육대상자의 교육을 효율적으로 실시하기 위하여 필요한 인적·물적 자원을 제공하는 서비스로서 상담지원·가족지원·치료지원·보조인력지원·보조공학기기지원·학습보조기기지원·통학지원 및 정보접근지원 등을 말한다"고 명시하고 있으며, 동법 시행령 제23조에서 29조까지에서는 가족지원을 비롯한 특수교육 관련서비스에 관한 지원 방법을 명시하고 있다.

- 관련서비스가 필요하다고 결정된 경우 IEP 수립 담당자는 특수교육 관련서비스 담당 인력으로부터 아동의 특수교육 관련서비스의 내용과 방법, 평가에 관련된 자료를 제공받아 IEP 내에 기재할 수 있다.

- 특수교육 관련서비스의 내용과 방법란에는 아동에게 제공되는 서비스명, 시작일과 종료일, 장소, 참여 요일 및 시간, 특기사항 등을 입력한다.

- 특수교육 관련서비스와 관련된 목표나 평가계획 및 결과 등의 구체적인

내용을 기술하고자 할 때는 특기사항에 기술할 수 있다.

→ 가능하다면 특수교육 관련서비스 담당 인력이 아동의 개별화교육지원팀 회의에 참여하는 것을 권장한다.

교육기관 내에 제공할 사람이 없을 경우에는 외부 특수교육기관이나 치료기관과 협조하여 필요한 전문가들을 확보해야 하는데, 현재 우리나라의 특수교육지원 체계상 이러한 협력적 서비스 제공은 어려운 과제로 남아 있는 실정이다. 또한 아동에 따라서는 필요한 보조공학적 도구나 지원의 종류를 명시하기도 한다.

9) 일반교육 프로그램에 참여하지 않는 정도와 그 근거

- 장애 아동이 일반교육에 참여하지 않고 분리되어야 하는 경우 그 정도를 명시하고 왜 참여하지 않아야 하는가를 제시한다.
- 전체 교육시간 중 차지하는 비율을 백분율로 표시하거나 하루 혹은 일주일 단위로 몇 시간씩인지를 명시하는 방법을 많이 사용한다.
- → 그러나 이러한 규정이 있다고 하여 모든 장애 아동을 무조건 일반학급에 보내는 것은 아니며 일반교육 프로그램에의 참여 정도는 개별 아동의 교육적 필요에 근거하여 결정되어야 함

10) 전환교육

- 전환교육이란 학령기 교육을 마치고 사회에서 잘 적응할 수 있도록 직업교육, 성인서비스, 주거생활 훈련, 지역사회훈련 등의 여러 필요한 활동을 적절히 조화하여 제공하는 것을 말한다.
- 미국장애인교육법(IDEA)은 아동이 16세가 되기 전에 전환교육을 위한 내용을 IEP에 반드시 포함시키도록 규정하고 있다.

우리나라에서는 IEP의 구성요소로 포함하지 않고 있다. 그러나 특수교육법을 통하여 '진로 및 직업교육'이라는 용어로 '특수교육대상자의 학교에서 사회 등으로의 원활한 이동을 위하여 관련 기관의 협력을 통하여 직업재활훈련, 자립생활훈련 등을 실시하는 것을

말한다'고 명시하고 있다.

- 최근 국내에서도 학교와 복지관이 연계하여 장애 아동 직업탐색을 지원하는 전환 프로그램을 운영하거나, 특수학교의 전공과 또는 장애 아동을 위한 통합형 직업교육 거점학교를 지정하여 운영하는 등 전환교육을 지원하기 위한 노력이 이루어지고 있다.

11) 교육 시작과 종료 시기

- 교육을 시작하고 종료하는 시점을 기록하는 것으로 주로 그 기간을 1년으로 하는 경우가 많다.
→ 그러나 관련서비스의 경우, 아동의 문제 특성에 따라 단기간의 교육만이 필요한 경우도 있다(예: 경도 조음장애의 경우 – 언어치료 5개월).
- 미국 장애인교육법(IDEA)에서는 여러 해에 걸친 IEP의 시험적 적용에 대해 규정하고 있다. 즉, 경우에 따라 교수목표 달성 시기를 한 해 이상(3년을 초과할 수 없음) 잡는 것으로 부모의 동의가 있어야 하며 일반교육에서의 진보와 학교급 간 전환에 대한 아동의 요구를 충족시킬 수 있어야 한다고 규정하고 있다.

12) 문제행동 지원

- IEP를 수립할 때 아동의 문제행동을 어떻게 다룰 것인가에 대한 내용이 포함되기도 한다.
- 주로 PBS(긍정적 행동지원계획)나 ABA(응용행동분석)중재 등을 활용해 문제행동을 예방하고 대체행동을 지도할 수 있도록 구성한다.

참고문헌

강형석 외 (2007). 최신 영재교육과정론. 시그마프레스

김미경 (2017). 장애아동 상담 및 부모교육의 실제. 박영스토리

김진호 외 (2017). 최신 특수교육. 시그마프레스

서진 (2018). 끝내주는 기본이론. G스쿨.

이소현·박은혜 (2011). 특수아동교육. 학지사.

정주영 외 (2019). 개별화교육계획 운영 가이드북. 국립특수교육원.

참고한 사이트

• 장애인 등에 대한 특수교육법

https://www.law.go.kr/LSW/lsInfoP.do?efYd＝20220629&lsiSeq＝238231#0000

• 장애인복지법

https://www.law.go.kr/LSW/lsInfoP.do?efYd＝20220622&lsiSeq＝238111#0000

• 경기도화성오산교육지원청

https://www.goehs.kr/sys/bbs/board.php?bo_table＝050902

박현주

학   력: 공주대학교 사범대학 특수교육 전공(교육학박사)

제2판
특수아동의 이해

초판발행   2020년 3월 15일
제2판발행   2022년 8월 10일
중판발행   2024년 10월 11일

엮은이   박현주
펴낸이   노 현

편 집   전채린
기획/마케팅   김한유
표지디자인   이솔비
제 작   고철민 · 조영환

펴낸곳   ㈜ 피와이메이트
             서울특별시 금천구 가산디지털2로 53 한라시그마밸리 210호(가산동)
             등록 2014. 2. 12. 제2018-000080호
전 화   02)733-6771
f a x   02)736-4818
e-mail   pys@pybook.co.kr
homepage   www.pybook.co.kr
ISBN   979-11-6519-321-8 93370

정 가   15,000원

박영스토리는 박영사와 함께하는 브랜드입니다.